高等教育自学考试系列辅导丛书

丛书组编 四川英华教育文化传播有限公司
Sichuan Yinghua Education & Culture Communication Co.,Ltd

编写依据 《人力资源开发与管理》（罗哲 沙治慧主编 四川大学出版社）

英华教育

高等教育自学考试『人力资源开发与管理』辅导资料

人力资源开发与管理模拟试题集

（人力资源管理专业）

（第二版）

主编 梁勤
副主编 张静

课程代码
06093

西南财经大学出版社
Southwestern University of Finance & Economics Press
中国·成都

图书在版编目(CIP)数据

人力资源开发与管理模拟试题集:人力资源管理专业/梁勤主编.—2版.—成都:西南财经大学出版社,2020.12
ISBN 978-7-5504-4714-1

Ⅰ.①人… Ⅱ.①梁… Ⅲ.①人力资源管理—高等教育—自学考试—习题集 Ⅳ.①F243-44

中国版本图书馆CIP数据核字(2020)第247892号

人力资源开发与管理模拟试题集(人力资源管理专业)(第二版)

RENLI ZIYUAN KAIFA YU GUANLI MONI SHITIJI(RENLI ZIYUAN GUANLI ZHUANYE)

主　编　梁勤
副主编　张静

责任编辑:李晓嵩
封面设计:张姗姗
责任印制:朱曼丽

出版发行	西南财经大学出版社(四川省成都市光华村街55号)
网　　址	http://www.bookcj.com
电子邮件	bookcj@foxmail.com
邮政编码	610074
电　　话	028-87353785
照　　排	四川胜翔数码印务设计有限公司
印　　刷	成都国图广告印务有限公司
成品尺寸	185mm×260mm
印　　张	14
字　　数	250千字
版　　次	2020年12月第2版
印　　次	2020年12月第1次印刷
书　　号	ISBN 978-7-5504-4714-1
定　　价	38.00元

高等教育自学考试系列辅导丛书

编 委 会

丛书前言

依靠自己的力量，在有限的时间里学习一门新学科，从不懂到懂，从不会到会，从不理解到理解，从容易遗忘到记忆深刻，从不会应用到熟练应用，从模仿到创新，把书本知识内化为自己的知识，是一个艰难的过程。在这个过程中，自学者不仅需要认真钻研考试大纲，刻苦学习教材和辅导书，还应该做适量的练习，把学和练有机地结合起来，否则就不能达到预定的学习目标。“纸上得来终觉浅，绝知此事要躬行。”这是每一位自学者都应遵循的信条。

编写模拟试题，同样是不容易的事。它对编写者提出了相当高的要求：

- 有较深的学术造诣。
- 有较丰富的教学经验。
- 对高等教育自学考试有深刻的理解并有一定的辅导自学者的经历。
- 对考试大纲、教材、辅导书有深入的了解，对书中的重点、难点、相互联系等有准确的理解。
- 对自学者的学习需要和已有的知识基础有一定的了解。

只有把这些因素融汇在一起，编写者才能编写出高质量的，有利于举一反三、事半功倍的模拟试题。

基于学习目标的考虑，我们把模拟试题大致分为以下四个步骤：

第一，单项练习：针对一个知识点而设计的练习题。其目的在于帮助自学者理解和记忆基本概念和理论。

第二，创造性练习：提供一些案例、事实、材料，使自学者应用所学的理论、观点、方法创造性地解决问题。这类问题可能没有统一的答案，只有一些参考性的思路。其目的很明显，就是培养自学者的创新意识和能力。

第三，综合自测练习：在整个学科范围内设计练习题，尽量参考考试大纲要求的题型，组成类似考卷的练习题。其目的在于使自学者及时检测全部学习状况，帮助自学者做好迎接统一考试的知识及心理准备。

第四，历届试题练习：旨在帮助自学者能按正规考试要求进行学习效果的测试。

子曰："学而时习之，不亦乐乎。"一边学，一边练，有节奏、有规律地复习，不仅提高了学习效率，也会给艰难的学习过程带来不少的快乐。圣人能够体会到这一点，我们每一位自学者同样能体会到。如果通过这样的学习过程，实现了学习目标，实现了人生的理想，实现了对自我的不断超越，那么我们说这种学习其乐无穷也毫不夸张。

高等教育自学考试系列辅导丛书的编写和出版工作是一项艰巨而复杂的"培根铸魂"式的文化系统工程，需要付出很多的时间与精力。先进思想引领伟大事业，面对国家发展、民族复兴的迫切需求，面对时代改革、未来发展带来的巨大挑战，面对知识获取和传授方式的革命性变化，我们应立足现状，不骄不馁。展望未来，任重道远。我们满怀信心，肩负教育事业赋予文化企业的使命，砥砺前行，造就堪当民族复兴大任的"腹有诗书气自华"的时代新人。我们坚信只要怀有对文化教育事业的诚挚热爱，心系考生，情牵教育，牢记使命，胜利与成功一定属于付出努力的人。

四川英华教育文化传播有限公司自考命题研究组

2020 年 11 月于成都

第二版编写说明

《人力资源开发与管理模拟试题集》系四川省、贵州省高等教育自学考试人力资源管理专业（本科）必修课程人力资源开发与管理的配套参考用书。该课程是为培养和提高考生人力资源管理基本理论与实践水平设置的一门专业基础课程。设置该课程的具体目标是使考生能比较全面地理解人力资源在经济社会发展中的地位和作用，掌握人力资源开发与管理的基本理论、基本知识和基本方法，了解我国人力资源开发与管理的方针、政策和经验，培养和提高考生人力资源管理的能力。

该课程自开考以来尚未出版一本供考生练习使用的复习资料，而该课程内容多、难度大且是一门应用性、理论性以及知识性较强的学科。为此，考生在复习迎考时觉得无从下手。为了满足广大考生复习备考之需要，我们根据长期从事高等教育自学考试教学和管理的经验，历时一年之久，在第一版模拟试题集的基础上，精心修改，编写了本书，使其更符合考试要求和适应时代发展变化。

在编写时，我们依据四川省高等教育自学考试委员会发布的《人力资源开发与管理自学考试大纲》和四川大学出版社出版的《人力资源开发与管理》（罗哲、沙治慧主编）以及历年考试试卷，并结合人力资源管理理论的快速发展和管理成果的不断创新，以模拟试题形式组织编写了本书。编写时，我们力求既做到重点突出，内容全面，有针对性，又有较强的实际效果。题型包括单项选择题、多项选择题、名词解释题、简答题、论述题等常规考试题型。模拟试题及近年自考试卷均配有较为完整的参考答案，以供考生练习使用。

模拟试题毕竟不是真正的考试题，有其局限性，希望考生在认真研读教材、大纲的基础上去练习，不可本末倒置，置教材、大纲于不顾，而一味地做题、猜题、押题，相信考生能理解我们编写此书的良苦用心。“书山有路勤为径，学海无涯苦作舟。”辅导书固然好，但也只是一个助手，在通往成功之路上，更多的是需要自学者的勤奋和努力。

“梅花香自苦寒来”，考生在学习人力资源开发与管理课程的过程中，只有掌握恰当的学习方法，熟读所学内容，多做练习，理论联系实际，才能学好这门课程，取得优异的成绩，实现梦想。

知识随时在更新，我们会根据新形势、新情况，应广大考生要求，编写出更多、更新、更适合自考、更符合自考规律的辅导书。

在编写本书时，我们吸收了国内同行的许多经验和优秀教学成果，并得到主考院校西南科技大学、四川旅游学院、四川大学、四川农业大学、成都信息工程大学、成都艺术职业大学以及四川科技职业学院、成都航空职业技术学院、四川交通职业技术学院、四川英华教育文化传播有限公司、西南财经大学出版社等单位的大力支持，在此一并表示感谢。同时，我们对所有参与编写工作的老师的辛勤付出和无私奉献表示感谢。

由于编写时间仓促和经验不足，错误与遗漏在所难免，希望考生和助学教师在使用过程中提出批评与意见，我们将会在再版时，进行更新与弥补。

四川英华教育文化传播有限公司自考命题研究组

2020 年 11 月于成都

目 录

第一编　分项练习题

第二编　综合模拟试卷

第三编　考前冲刺模拟试卷

第四编　近年自考试题汇编

第一编
分项练习题

一、单项选择题

在每小题列出的四个备选项中只有一个是符合题目要求的，请将其代码填写在题后的括号内。错选、多选或未选均无分。

1. 具有劳动能力并能为社会创造财富的人称为（　　）。

A. 人力资本　　B. 劳动力资源

C. 人力资源　　D. 人口资源

2. 下列解决人力资源供大于求的方法中，对员工伤害最大的是（　　）。

A. 培训　　B. 减薪

C. 自然减员　　D. 工作分享

3. 下列属于科学管理阶段理论成果的是（　　）。

A. 经济人　　B. X 理论

C. 人类需求层次理论　　D. 非正式组织

4. 利润分享计划属于（　　）。

A. 个人可变薪酬　　B. 群体可变薪酬

C. 短期可变薪酬　　D. 长期可变薪酬

5. 在人力资源需求预测的方法中，通过书面形式收集专家意见，从而形成可行的、一致的预测结果的方法是（　　）。

A. 回归预测法　　B. 经验判断法

C. 趋势预测法　　D. 德尔菲法

6. 人力资源会给企业带来成本，但也是创造新价值的源泉，因此要（　　）。

A. 迎接新技术　　B. 变化管理

C. 开发人力资本　　D. 成本抑制

7. 以下各种所得信息最有深度的工作分析方法是（　　）。

A. 资料分析法　　B. 面谈法

C. 问卷调查法　　D. 观察法

8. 人力资源投资型战略的特点是（　　）。

A. 聘用大量员工，注重员工的开发和培训

B. 建立数量少且基本稳定的精英员工队伍

C. 视员工为可变成本，注重外部劳动力市场

D. 实行激励效果大的差异化工资制度

9. 对人员心理素质的要求应当属于（　　）。

A. 工作要求　　B. 工作说明书

C. 工作规范　　D. 工作描述

10. 工作中不能再细分的内容称为（　　）。

A. 职位　　B. 工作要素

C. 职责　　D. 职务

11. 以下各种招聘方式中，新聘用员工流失率最低的是（　　）。

A. 自荐求职者　　B. 员工推荐

C. 职业介绍所　　D. 校园招聘会

12. 员工的绩效每个时间都可能不同，这是绩效的（　　）。

A. 动态性　　B. 多维性

C. 多因性　　D. 长期性

13. 能够在短时间内向一大批人提供大量信息的培训方法是（　　）。

A. 角色扮演法　　B. 案例教学法

C. 讲授法　　D. 头脑风暴法

14. 帕森斯提出的理论是（　　）。

A. 职业生涯周期理论　　B. 职业生涯系留点理论

C. 人职匹配理论　　D. 人业互择理论

15. 跟考核主体关系不好可能造成绩效评价比较低，这属于考核的（　　）。

A. 趋中效应　　B. 晕轮效应

C. 近因效应　　D. 偏见效应

16. 员工选拔测试的两个重要指标是（　　）。

A. 信度和效度　　B. 效度和效用

C. 信度和普适性　　D. 效用和普适性

17. 与员工绩效直接相关的是（　　）。

A. 基本薪酬　　B. 可变薪酬

C. 福利　　D. 社会保障

18. 2017 年 10 月 1 日企业安排员工工作且不能安排补休的，应支付的工资报酬不低于正常工资的（　　）。

A. 100%　　B. 200%

C. 300%　　D. 400%

19. 职业生涯周期的核心阶段是（　　）。

A. 成长阶段　　B. 探索阶段

C. 确立阶段　　D. 维持阶段

20. 用来表明考核期内重点目标的是（　　）。

A. 绩效标准　　B. 绩效权重

C. 绩效目标　　D. 绩效反馈

21. 通常所说的劳动力资源是指（　　）。

A. 16~60 周岁的具备从事体力劳动或脑力劳动的人口群体

B. 18 周岁以上的人口

C. 具有劳动能力的人

D. 一个国家或地区范围内的所有人口

22. 把人力资源规划分为战略性人力资源规划和战术性人力资源规划的分类标准是（　　）。

A. 规划的时间长短　　B. 规划的范围大小

C. 规划的性质　　D. 规划的起点

23. 当人力资源供不应求时，最为直接且人员上手时间较短的方法是（　　）。

A. 内部流动　　B. 加班

C. 提高效率　　D. 返聘退休人员

24. 通过组织以往各类人员之间流动比率来预测内部人员供给，是人力资源供给预测的（　　）。

A. 德尔菲法　　B. 管理者继任模型

C. 马尔可夫法　　D. 趋势预测法

25. 人力资源积累型战略的特点是（　　）。

A. 视员工为资产，注重员工的开发和培训

B. 视员工为可变成本，注重外部劳动力市场

C. 实行差异较大的绩效工资

D. 建立数量少且基本稳定的精英员工队伍

26. 舒尔茨的理论产生于（　　）。

A. 科学管理阶段　　B. 人际关系阶段

C. 行为科学阶段　　D. 人力资本阶段

27. 以下各种解决人力资源供大于求的方法中，对员工伤害最小的是（　　）。

A. 培训　　B. 减薪

C. 工作分享　　D. 提前退休

28. 使一个员工负责原来分开的几项工作，这个过程是（　　）。

A. 工作专业化　　B. 工作轮换

C. 工作丰富化　　D. 工作扩大化

29. 员工在工作岗位上需要完成的一项或多项相互联系的任务的集合称为（　　）。

A. 职位　　B. 职责

C. 工作要素　　D. 职务

30. 对以下岗位进行工作分析时，观察法适合于（　　）。

A. 摄影师　　B. 飞行员

C. 装卸工　　D. 建筑设计师

31. 招聘一名生产工人最适合的方法是（　　）。

A. 猎头公司　　B. 自荐

C. 招聘会　　D. 职业介绍所

32. 把培训区分为岗前培训、在岗培训、岗外培训以及员工业余自学的分类标准是（　　）。

A. 培训地点　　B. 培训对象的角色

C. 培训技术　　D. 培训方式及时间

33. 通常职业生涯规划设定的长期目标是（　　）。

A. 5 年以上　　B. 5~10 年

C. 10 年以上　　D. 3~5 年

34. 所谓职业生涯管理，主要是指对职业生涯的（　　）。

A. 设计与维护　　B. 设计与开发

C. 使用与开发　　D. 开发与维护

35. 职业生涯赖以存在的载体是（　　）。

A. 组织　　B. 董事会

C. 总经理　　D. 工会

36. 职业生涯是一个复杂的现象，由下列哪两个方面组成？（　　）。

A. 行为和态度　　B. 行为和动机

C. 动机和态度　　D. 行为和结果

37. 同一组织内部不同职位或不同技能等级所获得的薪酬之间的相互关系指的是（　　）。

A. 薪酬水平　　B. 薪酬体系

C. 薪酬结构　　D. 薪酬形式

38. 由于被考核者本月工作业绩很好，主考者对其全年绩效评价都很高，这是考核中存在问题的（　　）。

A. 偏见效应　　B. 近因效应

C. 晕轮效应　　D. 趋中效应

39. 单位内部幼儿园属于（　　）。

A. 国家法定福利　　B. 法定社会保险

C. 组织自愿性福利　　D. 企业年金

40. 一个国家或地区拥有的人口总量称为（　　）。

A. 人口资源　　B. 人力资源

C. 人力资本　　D. 劳动力资源

41. 认为存在一种最合理的方式来完成一项工作的是（　　）。

A. 科学管理理论　　B. 人际关系学说

C. 行为科学学派　　D. 早期管理理论

42. 调配规划属于（　　）。

A. 人员补充规划　　B. 人员配置规划

C. 教育培训规划　　D. 职业生涯规划

43. 下列解决人力资源供不应求的方法中可撤回程度最高的是（　　）。

A. 外包　　B. 内部流动

C. 技术创新　　D. 外部雇佣新人

44. 通过建立人力资源需求量及其影响因素之间的函数关系，根据影响因素的变化来推测人力资源需求量的方法是（　　）。

A. 经验判断法　　B. 回归预测法

C. 趋势预测法　　D. 德尔菲法

45. 说明从事特定工作的人员需要具备的基本素质和条件的文本称为（　　）。

A. 工作规范　　B. 工作分析

C. 工作描述　　D. 工作说明书

46. 在组织中，需要与员工一一对应的是（　　）。

A. 职务　　B. 职类

C. 任务　　D. 职位

47. 个人与组织职业生涯互动的本质是（　　）。

A. 利益的统一性　　B. 利益的不同性

C. 利益的最大化　　D. 利益的复杂性

48. 某人在同一测试中，多次结果各不相同，说明该测试的（　）。

A. 信度低　　B. 效度低

C. 效用高　　D. 普适性差

49. 以下职位中，通过猎头公司招聘最为有效的是（　　）。

A. 营销主管　　B. 打字员

C. 助理工程师　　D. 人力资源总监

50. 招聘员工时要以满足企业的用人需求为目的，这是招聘的（　　）。

A. 最优原则　　B. 以岗定人原则

C. 公正公平原则　　D. 宁缺毋滥原则

51. 在常用的培训方法中，使用最为普遍的是（　）。

A. 讲授法　　B. 案例教学法

C. 角色扮演法　　D. 工作轮换法

52. 培训计划的心理来源之一是（　　）。

A. 仔细的人事记录分析　　B. 真诚的面谈

C. 准确的工作考核　　D. 细心的观察

53. 职业生涯系留点理论的提出者是（　　）。

A. 帕森斯　　B. 霍兰德

C. 施恩　　D. 梅奥

54. 在霍兰德的六种人格类型及相应的职业中，汽车推销员代表的人格类型是（　　）。

A. 实际型　　B. 研究型
C. 传统性　　D. 企业型

55. 在职业生涯周期理论中，人们开始认真思考自己将来可能选择职业的阶段是（　　）。

A. 成长阶段　　B. 探索阶段
C. 确立阶段　　D. 维持阶段

56. 由于员工在考核时期内有意识地改善自己的绩效，使近期工作绩效提高，导致考核结果出现偏差，这属于考核中的（　　）。

A. 趋中效应　　B. 晕轮效应
C. 近因效应　　D. 偏见效应

57. 绩效考核要能够衡量出与员工工作绩效相关的所有方面的内容，这表明考核要有（　　）。

A. 信度　　B. 效度
C. 接受度　　D. 明确度

58. 带薪年休假属于（　　）。

A. 国家法定福利　　B. 法定社会保险
C. 组织自愿性福利　　D. 员工服务

59. 对销售人员的绩效奖励常使用（　　）。

A. 计件计划　　B. 一次性可变薪酬计划
C. 计时计划　　D. 佣金计划

60. 在现代人力资源管理中，被称为“组织理论之父”的是（　　）。

A. 法约尔　　B. 泰勒
C. 韦伯　　D. 梅奥

61. 人力资本理论的提出者是（　　）。

A. 泰罗　　B. 梅奥
C. 舒尔茨　　D. 马克思

62. 公式 $P=F(S, M, E, O)$ 中，“M”是指（　　）。

A. 技能　　B. 激励
C. 环境　　D. 机会

63. 在现代管理阶段中，以人际关系为出发点的时期是（　　）。

A. 产业革命阶段　　B. 科学管理阶段
C. 行为科学阶段　　D. 人力资本管理阶段

64. 人力资源规划的基础是（　　）。

A. 外部环境　　B. 组织的战略目标

C. 组织结构　　D. 组织文化

65. 在个人职业生涯的几个阶段中，成长阶段是（　　）。

A. 从出生到 14 岁　　B. 从出生到 15 岁

C. 从出生到 16 岁　　D. 从出生到 17 岁

66. 下列职位中，通过猎头公司招聘最为有效的是（　　）。

A. 司机　　B. 打字员

C. 人力资源总监　　D. 助理工程师

67. 在绩效管理过程中耗时最长也是最为重要的一个环节是（　　）。

A. 绩效考核　　B. 绩效反馈

C. 绩效计划　　D. 绩效沟通

68. 合适的培训者不需要必须具备的条件是（　　）。

A. 较高的素质　　B. 充分的授课准备

C. 高学历　　D. 丰富的培训经验

69. 提出“人职匹配理论”的学者是（　　）。

A. 金兹伯格　　B. 萨伯

C. 帕森斯　　D. 霍兰德

70. 由美国创造学家奥斯本提出的一种激发创造性思维的方法是（　　）。

A. 角色扮演法　　B. 案例教学法

C. 头脑风暴法　　D. 讲授法

71. 当管理者特别讨厌某个下属的某个缺点时，往往会倾向于认为这个下属的其他工作表现也很差。这种现象被称为（　　）。

A. 晕轮效应　　B. 第一印象

C. 偏紧倾向　　D. 霍桑效应

72. 对以智力为主的工作进行分析时不宜采用（　　）。

A. 资料收集法　　B. 面谈法

C. 观察法　　D. 关键事件法

73. 个体在工作岗位上需要完成的一个或多个任务是指（　　）。

A. 职位　　B. 职责

C. 职务　　D. 职业

74. 企业年金又称（　　）。

A. 基本养老保险　　B. 个人储蓄养老

C. 补充养老保险　　D. 公积金

75. 在我国人才市场上存在着“性别歧视、年龄歧视、学历歧视”等就业歧视现象，这违背了人力资源获取的（　　）。

A. 效率优先原则　　B. 公平公正原则

C. 确保质量原则　　D. 动态性原则

76. 在进行绩效考核时，大多数员工的考核得分都是中等或良好，集中性地居于同一档次。这种情况被称为（　　）。

A. 首因效应　　B. 趋中效应

C. 近因效应　　D. 晕轮效应

77. 人力资源报酬的主体是（　　）。

A. 福利　　B. 基本薪酬

C. 间接薪酬　　D. 奖金

78. 根据人业互择理论，下列各选项中属于实际型人格的是（　　）。

A. 飞行员　　B. 律师

C. 出纳员　　D. 图书管理员

79. 招聘专业人员时，最适合发布招聘信息的渠道是（　　）。

A. 杂志　　B. 电视

C. 报纸　　D. 电脑网络

80. 下列选项中，不属于人力资源性质的是（　　）。

A. 实践性　　B. 能动性

C. 再生性　　D. 社会性

81. 被称为“人力资本之父”的是（　　）。

A. 韦伯　　B. 舒尔茨

C. 法约尔　　D. 泰罗

82. 下列选项中，不属于人力资源内部供给预测的方法是（　　）。

A. 管理者继任模型　　B. 德尔菲法

C. 马尔可夫法　　D. 档案资料分析

83. 下列选项中，属于定量预测技术的是（　　）。

A. 回归预测法　　B. 经验判断法

C. 马尔可夫法　　D. 德尔菲法

84. 影响人力资源需求预测最重要的内部因素是（　　）。

A. 组织战略目标　　B. 组织产品

C. 组织预算　　D. 服务的销售预测

85. 工作分析的最终产出表现为（　　）。

A. 工作说明书　　B. 工作任务

C. 工作职责　　D. 工作描述

86. 工作中不可再继续分解的最小动作单位是（　　）。

A. 职务　　B. 任务

C. 职责　　D. 工作要素

87. 下列选项中，属于外部招聘的优点的是（　　）。

A. 速度快　　B. 提高士气

C. 减少培训投入　　D. 较快进入工作状态

88. 下列选项中，容易形成“裙带关系”的招聘方式是（　　）。

A. 员工推荐　　B. 自荐求职者

C. 校园招聘会　　D. 猎头公司

89. 下列选项中，不属于招聘遵循的原则是（　　）。

A. 效率原则　　B. 内部优先原则

C. 公正公平原则　　D. 少而精原则

90. 员工培训需求的内容不包括（　　）。

A. 组织　　B. 环境

C. 人员　　D. 任务

91. 下列员工培训方法中，不太适用于知识和技能培训的是（　　）。

A. 工作轮换法　　B. 头脑风暴法

C. 角色扮演法　　D. 讲授法

92. 约翰·霍兰德提出的职业选择理论是（　　）。

A. 人职匹配理论　　B. 社会学习论

C. 终生学习论　　D. 人业互择理论

93. 律师在霍兰德人业互择理论中的人格类型属于（　　）。

A. 企业型　　B. 研究型

C. 社会型　　D. 实际型

94. 我国企业进行绩效考核时最容易出现的现象是（　　）。

A. 晕轮效应　　B. 趋中效应

C. 偏见效应　　D. 近因效应

95. 绩效考核中，最主要也是最为常见的考核主体是（　　）。

A. 同级同事　　B. 员工直接上级

C. 直属下级　　D. 员工本人

96. 绩效管理工作的起点是（　　）。

A. 绩效沟通　　B. 绩效考核

C. 绩效计划　　D. 绩效反馈

97. 薪酬中相对不变的部分是（　　）。

A. 福利　　B. 可变薪酬

C. 基本薪酬　　D. 奖金

98. 薪酬管理要遵循最低工资法，体现了薪酬管理的（　　）。

A. 合法性原则　　B. 经济性原则

C. 公平性原则　　D. 激励性原则

99. 下列选项中，属于非量化职位评价方法的是（　　）。

A. 要素计点法　　B. 排序法

C. 要素比较法　　D. 比较法

100. “经济人”的观点产生于（　　）。

A. 科学管理阶段　　B. 人际关系阶段

C. 行为科学阶段　　D. 人力资本管理阶段

二、多项选择题

在每小题列出的五个备选项中至少有两个是符合题目要求的，请将其代码填写在题后的括号内。错选、多选、少选或未选均无分。

1. 行为科学阶段的代表人物有（　　）。

A. 梅奥　　B. 泰罗

C. 赫茨伯格　　D. 法约尔

E. 马斯洛

2. 属于企业自愿性福利的是（　　）。

A. 基本养老保险　　B. 失业保险

C. 企业年金　　D. 托儿所

E. 工伤保险

3. 培训需求分析的内容包括（　　）。

A. 环境分析　　B. 人员分析

C. 组织分析　　D. 任务分析

E. 战略分析

4. 影响人力资源数量的因素包括（　　）。

A. 人口总量　　B. 人口的年龄结构

C. 人口增长状况　　D. 人口迁移

E. 社会和经济发展状况

5. 绩效管理的内容包括（　　）。

A. 绩效结果的应用　　B. 绩效沟通

C. 绩效考核　　D. 绩效反馈

E. 绩效计划

6. 下列属于人际关系阶段的成果有（　　）。

A. 人类需求层次理论　　B. 非正式组织理论

C. 经济人理论　　D. 科学管理理论

E. 社会人理论

7. 以下不属于法定社会保险的是（　　）。

A. 企业年金　　B. 人寿保险

C. 失业保险　　D. 基本医疗保险

E. 工伤保险

8. 下列属于外部招聘渠道的有（　　）。

A. 档案分析　　B. 自荐

C. 人才交流会　　D. 校园招聘

E. 猎头公司

9. 绩效管理的目的包括（　　）。

A. 开发目的　　B. 战略目的

C. 奖惩目的　　D. 晋升目的

E. 管理目的

10. 建立在雇主监督-控制员工绩效基础的人力资源战略的类型包括（　　）。

A. 诱引型战略　　B. 效用型战略

C. 积累型战略　　D. 参与型战略

E. 投资型战略

11. 建立在雇主-员工交换关系基础上的人力资源战略的类型包括（　　）。

A. 积累型战略　　B. 效用型战略

C. 诱引型战略　　D. 参与型战略

E. 协助型战略

12. 进行工作分析要遵循的步骤包括（　　）。

A. 需求分析　　B. 可行性分析

C. 评估工作特征　　D. 制订工作设计方案

E. 评价与推广

13. 员工培训的特点包括（　　）。

A. 全员培训　　B. 针对性培训

C. 相关培训　　D. 能力培训

E. 多样化培训

14. 以下属于法定社会保险的是（　　）。

A. 人寿保险　　B. 基本医疗保险

C. 失业保险　　D. 企业年金

E. 生育保险

15. 绩效的性质包括（　　）。

A. 多因性　　B. 多维性

C. 动态性　　D. 主观性

E. 及时性

16. 以下选项属于福利的是（　　）。

A. 社会保险　　B. 奖金

C. 住房公积金　　D. 法定休假

E. 企业年金

17. 人力资源供不应求时，组织可以采取的措施有（　　）。

A. 外部雇佣　　B. 提高现有员工的效率

C. 加班　　D. 降低员工流失率

E. 加强内部流动

18. 工作设计的方法包括（　　）。

A. 工作轮换　　B. 实行弹性工作制

C. 工作扩大化　　D. 工作丰富化

E. 工作专业化

19. 提高人员招聘的有效性，需要注意（　　）。

A. 确定招聘需求　　B. 选择良好的招募渠道

C. 组织精干的招聘队伍　　D. 设计合理的招聘流程

E. 选择合适的选拔测试方法

20. 培训效果评估方法有（　　）。

A. 问卷法　　B. 现场成果测定法

C. 追踪法　　D. 对照法

E. 考核法

21. 科学管理阶段的代表人物有（　　）。

A. 泰罗　　B. 梅奥

C. 韦伯　　D. 法约尔

E. 舒尔茨

22. 下列属于人力资源需求预测方法的是（　　）。

A. 德尔菲法　　B. 档案资料分析

C. 趋势预测法　　D. 回归预测法

E. 管理者继任模型

23. 按培训的方式和时间进行分类，员工培训可以分为（　　）。

A. 岗前培训　　B. 在岗培训

C. 岗位培训　　D. 员工业余自学

E. 外部培训

24. 群体可变薪酬计划的形式包括（　　）。

A. 佣金计划　　B. 利润分享计划

C. 收益分享计划　　D. 一次性可变薪酬计划

E. 成功分享计划

25. 绩效管理的内容包括（　　）。

A. 绩效计划　　B. 绩效沟通

C. 绩效考核　　D. 绩效反馈

E. 绩效结果的应用

三、名词解释题

1. 人力资源管理

2. 工作描述

3. 招聘评估

4. 职业

5. 绩效考核

6. 经验判断法

7. 可变薪酬

8. 人员招聘

9. 培训控制

10. 工作规范

11. 职业生涯管理

12. 员工选拔

13. 人力资源质量

14. 人力资源战略

15. 人职匹配理论

16. 绩效沟通

17. 职业生涯

18. 工作轮换法

19. 关键事件法

20. 人力资源规划

21. 人力资源

22. 舒伯职业生涯定义

23. 人员招聘

24. 绩效

25. 晕轮效应

26. 霍桑效应

27. 员工培训

28. 培训需求分析

29. 在岗培训

30. 四层次模型

四、判断分析题

判断正误，在题后的括号内，正确的划上“√”，错误的划上“×”，并简述理由。

1. 科学管理理论阶段，人被看成“社会人”。（　　）

2. 职业生涯是一个动态和静态相结合的过程。（　　）

3. 积累型战略用长期的观点来看待人力资源，关注员工发展，因此员工晋升较快，员工工资以个人绩效为基础，具有较强的激励性。（　　）

4. 由于刚毕业的大学生对工作充满期待，因此通过校园招聘来的员工，流失率比较低。（　　）

5. 福利是对员工工作的报酬，要想享受更高的福利，必须做出更高的绩效。（　　）

6. 工作说明书又称任职资格说明书，它是工作分析的结果，主要说明从事某项特定工作的人员需要具备的基本素质和条件。（　　）

7. 绩效考核要能够衡量出与员工工作绩效相关的所有方面的内容，才算是有效的。（　　）

8. 人力资源的生命周期性表现为人力资源在劳动过程中被消耗之后，能够通过休息和补充营养恢复到原有的状态。（　）

9. 工作丰富化就是工作扩大化。（　）

10. 绩效管理有助于组织适应组织结构的不断调整。（　）

11. 招聘测试信度越高，测试越有效。（　）

12. 职业生涯是员工个人职业发展的全过程，因此职业生涯是员工个人的事情。（　　）

13. 一般情况下，一份工作说明书并不会随任职者的去留而改变。（　　）

14. 在具体的管理工作中，绩效管理就是绩效考核。（　　）

15. 人力资源的数量与质量之间存在相同的替代性。（　　）

16. 工作丰富化增加员工工作任务的横向多样化，可以产生高效率。（　）

17. 与人力资源的数量相比较，人力资源的质量显得更为重要。（　）

18. 工作轮换是一种有效激励和开发员工潜力的培训方式，使员工可以深入了解各个职位的工作内容，适合于组织中所有员工。（　）

19. 在对中高级管理人员的工作进行工作分析时，运用观察法可以获得全面的工作信息。（　）

20. 招聘测试的效度比信度重要。 （ ）

21. 德尔菲法可以有效地避免专家之间由于名誉和地位而造成的对他人的影响，因此能充分表达专家本人的意见，结果较为客观，操作比较简单。 （ ）

22. 在员工选拔测试中，信度高就说明测试有效。 （ ）

23. 职业生涯是一个动态的过程。 （ ）

24. 个人绩效是组织绩效和团队绩效的基础。（　　）

25. 绩效管理是人力资源管理的核心内容，绩效考核是绩效管理的关键环节。（　　）

26. 绩效计划的主要内容包括绩效标准、绩效目标和绩效评定方法。（　　）

27. 弹性福利项目是组织规定所有员工必须选择的基本福利项目，而弹性选择项目是包括所有可以自主选择的福利项目。（　　）

28. 培训需求包括组织需求、员工需求和任务需求三个方面。（　）

29. 根据问题的不同侧重，效度可以分为过程有效和结果有效。（　）

30. 关键事件法的优点在于能够为管理者节省大量的工作时间与工作精力。（　）

五、简答题

1. 简述职业生涯管理的意义。

2. 简述员工选拔的功能和意义。

3. 简述工作分析的意义。

4. 简述绩效管理的内容。

5. 简述影响人力资源需求的因素。

6. 简述现代人力资源开发与管理面临的挑战。

7. 简述薪酬的作用。

8. 简述对人力资源规划进行评估的原因。

9. 简述员工培训的作用。

10. 简述人力资源供大于求时需要采取的措施。

11. 简述外部招聘的方式。

12. 简述培训计划的主要内容。

13. 简述福利的影响因素。

14. 简述解决人力资源供不应求的方法。

15. 简述绩效考核的衡量标准。

六、论述题

1. 结合实际，论述个人职业生涯规划的影响因素。

2. 结合实际，谈谈招聘方式的类型及主要内容。

3. 结合实际，请你谈谈如何进行福利项目的优化设计。

4. 结合实际，请你谈谈员工培训的作用。

5. 论述招聘人员面试环节中常出现的问题以及如何防范。

6. 结合实际，谈谈工作轮换的优缺点。

7. 论述职业生涯管理的影响因素。

8. 结合实际，分析福利的影响因素。

9. 论述外部招聘与内部招聘相比，各自存在的优缺点与相互间的联系。

10. 试述人力资源的性质。

分项练习题参考答案

一、单项选择题

1. C	2. B	3. A	4. B	5. D	6. D	7. B	8. A	9. C
10. B	11. B	12. A	13. C	14. C	15. D	16. A	17. B	18. C
19. C	20. B	21. A	22. C	23. D	24. C	25. A	26. D	27. A
28. D	29. B	30. C	31. C	32. D	33. C	34. B	35. A	36. A
37. C	38. C	39. C	40. A	41. A	42. B	43. A	44. B	45. A
46. D	47. A	48. A	49. D	50. B	51. A	52. C	53. C	54. D
55. B	56. C	57. B	58. A	59. D	60. C	61. C	62. B	63. C
64. B	65. A	66. C	67. A	68. C	69. C	70. C	71. A	72. C
73. B	74. C	75. B	76. B	77. B	78. A	79. A	80. A	81. B
82. B	83. A	84. A	85. A	86. D	87. C	88. A	89. A	90. B
91. C	92. D	93. A	94. B	95. B	96. C	97. C	98. A	99. B
100. A								

二、多项选择题

1. CE	2. CD	3. BCD	4. ABCDE	5. ABCDE
6. BE	7. ABE	8. BCD	9. ABE	10. ADE
11. ABE	12. ABCDE	13. ACDE	14. BCE	15. ABC
16. ACDE	17. ABCDE	18. ABCDE	19. BCE	20. ABCDE
21. ACD	22. ACD	23. ABCD	24. BCE	25. ABCDE

三、名词解释题

1. 答：人力资源管理是从组织发展战略、组织内外环境和人性特征出发，以充分发挥人力资源在组织资源系统中的特殊作用为目标，进行人员管理方面的政策制定与实践。

2. 答：工作描述表现为对有关工作流程与行为的描述，反映该项工作区别于其他工作的信息，说明有关工作是什么、为什么做、怎样做、在哪里做等。

3. 答：招聘评估是指在完成招聘活动后，用科学的方法和指标来测定人员招聘活动的实际效果，以确定此次招聘活动是否完成了预期目标。

4. 答：职业是指不同时间、不同组织中工作性质类似的职务的集合，是指人们在社会上从事赖以获得物质报酬作为生活来源的具体工作，是随着人类社会进步、生产力的发展和社会劳动的分工而产生的。

5. 答：绩效考核是对员工的工作绩效进行评定。绩效考核是整个绩效管理过程中耗时最长也是最为重要的一个环节，绩效考核的实效会导致整个绩效管理工作的失败。

6. 答：经验判断法是人力资源需求的预测方法之一，是指管理人员凭借自己多年的经验，根据组织过去几年中人力资源需求状况和自己认为未来一段时间可能发生的变化，来对组织的人员需求进行评估和预测。

7. 答：可变薪酬是根据员工是否达到或超过某一事先确立的个体、部门、团队或整个组织的绩效标准而浮动的报酬。

8. 答：人员招聘是以组织人员需求为基础，以工作分析为依据，通过发布招聘信息来吸引应聘者，从中挑选出适合岗位需求的人员，并向他们分配工作岗位，使其补充到现有的或计划的岗位空缺的过程。

9. 答：培训控制是指在培训过程中不断根据目标、标准和受训者的特点，矫正培训方法、进程的各种努力。

10. 答：工作规范是工作分析结果的一个组成部分，主要说明从事某项特定工作的人员需要具备的基本素质和条件。它规定了完成工作所需要的最低要求。

11. 答：职业生涯管理主要是指对职业生涯的设计与开发。

12. 答：员工选拔是指组织（或企业）在招募工作完成之后，通过一定的科学方法和手段，从众多的应聘者中审查和筛选出适合用人条件与用人标准的人员的过程。

13. 答：人力资源的质量是指劳动者具有的体质、智力、知识、技能、态度和价值观等方面的状况。

14. 答：人力资源战略是指组织中一切与人有关的问题的方向性谋划，它是一种意在充分合理地运用组织各种人力资源，使其发挥出最大竞争优势，以配合组织的战略需求，实现组织目标的各种人力资源使用模式和活动综合。

15. 答：人职匹配理论是指每个人都有自己独特的人格模式，每种人格模式都能找到与其适应的职业类型，就是人与职业相匹配，即寻找与自己特性相一致的职业。

16. 答：绩效沟通就是管理人员和员工共同工作，并分享与工作有关的信息的过程。

17. 答：职业生涯是指一个人一生中在不同职业岗位上工作过的所有经历。

18. 答：工作轮换法是组织为员工在不同职能领域或单一的职能领域中作出的一系列工作任务安排。

19. 答：关键事件法是指考核主体通过观察、记录被考核者的关键事件，而对被考核者进行绩效考核的方法。

20. 答：从广义上讲，人力资源规划是指预测未来的组织任务和环境对组织的要求，根据组织任务和环境对组织的要求而制定人力资源管理的行动方针的过程。从狭义上讲，人力资源规划是指根据组织的战略目标和外部环境的变化，合理地分析和预测组织对人力资源的需求与供给状况，并根据这些制订出相应的计划，以保证组织在适当的时候获得适当数量、质量和结构的人力资源，满足组织和个人的需求。

21. 答：人力资源是一个国家或地区能够作为生产要素投入到社会经济活动中，为社会创造物质财富和精神文化财富的劳动人口。

22. 答：舒伯职业生涯是生活中各种事件的演进方向与历程，统合了个人一生中各种职业与生活的角色，由此表现出个人独特的自我发展组合。

23. 答：人员招聘是以组织人员需求为基础，以工作分析为依据，通过发布招聘信息来吸引应聘者，从中挑选出适合岗位需求的人员，并向他们分配工作岗位，使其补充到现有的或计划的岗位空缺的过程。

24. 答：绩效是指员工在工作过程中表现出来的与组织目标相关的并且能够被评价的工作业绩、工作能力和工作态度。组织通过对绩效进行考评，能够获得反馈信息，并据此制定相应的决策和改进措施。

25. 答：晕轮效应也叫哈罗效应，是指在绩效考核的过程中，如果考核主体对下属的某一绩效指标的评价较高，就会导致对此人所有的绩效指标的评价偏高。

26. 答：霍桑效应是指一旦观察对象得知他们正处被观察地位的时候，他们的工作表现会比平常要好，即当人们感受到被关注时，会提高自身生产力。

27. 答：员工培训是指组织为使员工获得或改进与工作有关的知识、技能、动机、态度和行为，以利于提高员工的绩效以及员工对组织目标的贡献所做的各种努力。

28. 答：培训需求分析是指从组织、人员和任务三个方面对培训的必要性、培训的时间以及培训的内容进行分析。

29. 答：在岗培训是指员工在工作场所及在完成工作任务过程中接受的培训。

30. 答：四层次模型是由威斯康星大学的柯当纳于1959年提出的，是目前最常用的评估方式。这四个层次分别为：一级评估，即反应层评估；二级评估，即学习层次评估；三级评估，即行为层次评估；四级评估，即结果层次评估。

四、判断分析题

1. 错误。改：科学管理理论阶段，人被看成“经济人”。

2. 错误。改：职业生涯是一个动态的过程，由于受到时间和空间的转移，决定了职业生涯会受多方面的影响。

3. 错误。改：积累型战略用长期的观点来看待人力资源，关注员工发展，采用雇佣制以公平对待员工。在这种制度下员工晋升速度慢，常采用以职务及年资标准，员工之间的落差不大。

4. 错误。改：刚毕业的大学生由于缺乏足够的经验，不能很快适应组织用人需求，因此通常需要进行一段时间的岗前培训。因此，通过校园招聘来的员工，存在流失率较较高的问题。

5. 错误。改：福利有一个明显的特点：它与员工的劳动能力、绩效和工作时间等的变动没有直接联系。

6. 错误。改：工作规范又称任职资格说明书，它是工作分析的结果，主要说明从事某项特定工作的人员需要具备的基本素质和条件。

7. 正确。

8. 错误。改：人力资源的再生性表现为人力资源在劳动过程中被消耗之后，能够通过休息和补充营养恢复到原有的状态。

9. 错误。工作扩大化是增大工作范围，工作丰富化是增加工作的深度，两者并不相同。

10. 正确。由于处在竞争激烈的国际竞争环境中，许多企业都在适时调整组织结构以适应外部环境的变化，组织结构的调整会使得管理思想及管理风格的变化，如适度授权给员工，以便更快更好地满足顾客需求；让员工更多地参与管理，提高工作满意度；等等。这一切必须通过绩效系统的建立才能实现。

11. 错误。改：信度高并不能说明测试有效，必须要在测试效度保证的前提下，才能做出信度越高，测试结果越有效的判断。即使应聘者在某个项目上的测试结果保持非常高的一致性，但如果测试内容与实际工作能力要求无关，则测试是无效的。但是，如果测试的信度很低，那么也就意味着测试的有效性很低。

12. 错误。改：我们每个人都是自己职业生涯的管理者，在对个人的职业生涯进行设计和开发过程中，个人起着主要作用。但是，我们每个人又属于一定的组织，对于每一位员工来说，其所属的组织会对其职业生涯产生重要的影响。组织是职业生涯赖以存在的载体，如果没有组织，个人职业生涯设计得再好，英雄也无用武之地，职业生涯就不可能实现。同时，组织的存在和发展也依赖个人具体的职业实现，个人职业生涯的开发与发展是关系到组织命运的基本保障。

13. 正确。因为有关职位的性质及要求并无改变，人力资源部门仍会按照原来的要求聘用新员工。

14. 错误。改：绩效考核只是绩效管理的一个环节。如果只关注绩效考核结果，而忽视了绩效计划、沟通、反馈等环节，必然会偏离实施绩效管理的初衷。有效的绩效考核依赖于整个绩效管理过程的成功开展。

15. 错误。改：一般来说，人力资源的质量对数量的替代性较强，而其数量对质量的替代性较弱，有时甚至是不能替代的。

16. 错误。工作扩大化增加员工工作任务的横向多样化，可以产生高效率。工作丰富化就是增加工作的深度，使工作者拥有更大的自主权、独立性和责任感，从事完整的活动，以便工作者可以评价和改进自己的工作绩效。

17. 正确。随着社会生产的发展，现代科学技术对人力资源的质量提出了更高的要求。人力资源质量的重要性还体现在其内部的替代性方面。一般来说，人力资源的质量对数量的替代性较强，而数量对质量的替代性较弱，有时甚至是不能替代的。因此，人力资源开发的目的在于提高人力资源的质量，对社会经济的发展起着更大的作用。

18. 错误。改：在整个工作轮换的过程中，员工能够深入了解各个职位的工作内容，这种方法适用于对管理人员的培养，但不太适用于专业技术性较强的员工。

19. 错误。改：一般来说，现场观察法主要适用于工作过程和工作结果容易观察的工作。在实际应用中，观察法一般适用于标准化、周期短，并且以体力活动为主的工作，适用于比较简单又容易观察的工作。观察法并不适用于中高级管理人员的工作，因为他们工作的过程与结果都不是容易被观察到的。

20. 错误。改：信度高并不能说明测试有效，必须要在测试效度保证的前提下，才能做出信度越高，测试结果越有效的判断。虽然应聘者在某个项目上的测试结果保持非常高的一致性，测试却是无效的。但是，如果测试的信度很低，那么也就意味着测试的有效性很低。

21. 正确。

22. 错误。改：在员工选拔测试中，信度高并不说明测试有效。

23. 正确。

24. 正确。

25. 正确。

26. 错误。改：绩效计划的主要内容包括绩效标准、绩效目标和绩效权重。

27. 错误。改："弹性选择"和"弹性福利"互换。

28. 正确。

29. 错误。改：根据问题的不同侧重，效度可以分为内容有效和结果有效。

30. 错误。改：关键事件法的缺点在于管理者需要花费大量的工作时间与工作精力。

五、简答题

1. 答：职业生涯管理既能够最大限度地规划好个人职业，挖掘发展潜能，争取事业上的成功，又能够为组织提供充足的人力资源保证，有效遏制组织内部人才的流失，进一步加强员工对组织的忠诚度。总体来说，职业生涯管理具有以下三项意义：

（1）提升员工职业能力，促进员工成长。

（2）调动员工积极性，促进组织发展。

（3）为社会培养人才，促进社会进步。

2. 答：（1）选拔到满足需要的员工。

（2）了解员工的工作能力与态度，以确定其岗位分配。

（3）通过选拔测试过程，可以了解与之相关的信息，对组织未来用人有一定的作用。

3. 答：（1）为人力资源管理各项功能决策提供依据。

（2）通过对人员能力、个性等条件的分析，达到"人尽其才"的效果。

（3）通过对工作职责、工作流程的分析，达到"才尽其责"的效果。

（4）通过对工作环境、工作设备的分析，使人与物相互配合、相互协调。

（5）科学评估员工的绩效，有效激励员工。

4. 答：绩效管理的内容包括绩效考核、绩效计划、绩效沟通和绩效反馈，绩效管理是由这四个部分组成的一个完整的系统。

5. 答：（1）组织外部环境因素。

（2）组织内部环境因素。

（3）人力资源本身的因素。

6. 答：（1）全球化。

（2）迎接新技术。

（3）变化管理。

（4）开发人力资本。

（5）成本抑制。

7. 答：从员工方面，一是提供经济保障，二是产生激励作用。

从组织方面，一是吸引和留住人才，二是控制经营成本。

从社会方面，薪酬构成了全体成员的可支配收入。

8. 答：（1）组织对人力资源进行评估，可以对人力资源规划的执行形成一定的压力，防止规划的实施流于形式。

（2）组织在对人力资源规划进行评估的过程中，可以广泛地听取组织内员工对人力资源管理工作的意见和建议，有利于人力资源规划内容的不断完善。

（3）人力资源规划是一个持续的动态过程，需要根据组织的内外部环境的变化进行不断的调整。

9. 答：（1）适应环境的变化。

（2）提高工作绩效。

（3）提高员工的满足感和安全水平，满足员工的自身发展需要。

（4）营造优秀的组织文化。

10. 答：（1）重新安置。

（2）永久性裁员。

（3）临时解雇。

（4）减少工作时间。

（5）工作分享。

（6）降低工资。

11. 答：(1) 员工推荐。

(2) 招聘会。

(3) 职业介绍所。

(4) 校园招聘会。

(5) 猎头公司。

(6) 网络招聘。

(7) 自荐求职者。

12. 答：(1) 明确培训目标、内容。

(2) 确定培训对象。

(3) 确定培训时间。

(4) 选择培训场所。

(5) 选择合适的培训者。

(6) 选定培训方法和教材。

13. 答：福利的影响因素包括外部因素和内部因素。

外部因素如下：

(1) 政府的法律法规。

(2) 劳动力市场的标准。

(3) 工会。

内部因素如下：

(1) 组织的战略。

(2) 组织管理者的经营理念。

(3) 员工偏好。

14. 答：(1) 加班中。

(2) 临时雇佣。

(3) 外包。

(4) 加强内部流动。

(5) 降低员工流失率。

(6) 外部雇佣新人。

(7) 技术创新。

只要答到五点即给全分。

15. 答：(1) 战略一致性。

（2）信度。

（3）效度。

（4）接受度。

（5）明确度。

六、论述题

1. 答：（1）进取心。

（2）自信心。

（3）自我力量感。

（4）自我认识。

（5）自我调节。

（6）情绪稳定性。

（7）社会敏感性。

（8）社会接纳性。

（9）社会影响力。

（结合实际，展开论述。）

2. 答：一般来说，组织的用人需求可以通过内部选拔和外部招聘两种方案来得到满足。

（1）内部选拔。

①内部提升。

②内部调用。

（2）外部招聘。

①员工推荐。

②招聘会。

③职业介绍所。

④校园招聘会。

⑤猎头公司。

⑥网络招聘。

⑦自荐求职者。

（结合实际，展开论述。）

3. 答：（1）优化福利项目，严格控制福利成本。这主要有以下方式：设置享受福利的等待期，如新员工开始时可能会被排除在福利保障之外，直到其试用期满；要求员工承担一部分福利购买的费用；对福利待遇的享受进行限制，如规定某一限额，限额以下的支出由员工自己承担，超过这一限额才能享受福利，或者规定享受福利的上线；等等。

（2）实行弹性福利计划。例如，附加型弹性福利、核心加选择型弹性计划、支用账户式弹性福利、福利“套餐”、选择性弹性福利等。

（结合实际，展开论述。）

4. 答：

员工培训对组织发展有许多的作用，主要包括以下几点：

（1）适应环境的变化。组织处于时刻变化、日益激烈的市场环境中，培训可以使普通员工和管理者跟上变化的形势，尽量减少或缩小因环境变化、不适应变化而出现的“磨合期”。

（2）提高工作绩效。培训使员工获得新知识、新技能、新价值、新理念，把员工培养成有更大生产潜力和创新意识的个体，将培训开发变成组织应对挑战的“第一动力”，形成人力资源是组织“第一资本”的现代经营理论，最终提高组织的综合实力和经营绩效。

（3）提高员工的满足感和安全水平，满足员工的自身发展需要。提高员工的知识和技能，感受管理层对员工的关心和重视，加强自身职业发展的安全感。

（4）营造优秀的组织文化。一方面，组织对员工进行组织文化的培训，可以加深员工对组织文化的理解与认同；另一方面，组织可以通过培训和开发活动，营造一种学习的、积极的组织氛围。

（结合实际，展开论述。）

5. 答：

面试环节常出现的问题如下：

（1）晕轮效应。

（2）与我相似心理。

（3）第一印象。

预防措施如下：

（1）以面试目的为中心。

（2）注意倾听。

（3）注意观察应聘者的非语言行为。

（4）对面试过程中的对象一视同仁。

（结合实际，展开论述）

6. 答：（1）优点。通过丰富员工工作的内容，减少员工的枯燥感，激发员工的工作积极性，提升员工的自身竞争力；为员工提供一个个体行为适应总体工作的适宜环境，增加员工对最终成果的认识；扩大员工的技能范围，这样管理人员安排工作、填补职位空缺时，就具有很大的灵活性。

（2）缺点。会使培训费用上升。当员工在原先的岗位上工作效率已经很高时，如果这时将其轮换到另一个工作岗位时，势必会影响到组织的现有生产力；当员工的工作环境改变以后，他就需要重新适应，调整和适应自己与周围人的关系，这需要管理人员付出更多的精力来处理这些来自人际关系方面的问题。

（结合实际，展开论述。）

7. 答：

影响一个人职业生涯的主要因素包括以下几种：

（1）教育背景。

（2）家庭影响。

（3）个人需求与心理动机。

（4）机会。

（5）社会环境。

8. 答：

影响福利的因素如下：

（1）外部因素：政府的法律法规、劳动力市场的标准、工会。

（2）内部因素：组织的战略、组织管理者的经营理念、员工偏好。

9. 答：

外部招聘具有以下优点：

（1）可能为组织补充新鲜血液，更新组织思想和理念。

（2）可以缓和内部竞争。

（3）组织从外部招聘进来的员工，特别是有工作经历的员工，由于具备较好的工作经验，可以很快进入工作状态，减少组织在人力资源培训中的投入。

外部招聘具有以下缺点：

（1）打击内部员工的士气。

（2）外部招聘人员需要较长的适应过程，使招聘投入增大。

内部招聘具有以下优点：

（1）可以提高员工士气。

（2）组织与被录用人员相互了解。

（3）内部招聘速度快、成本低。

内部招聘具有以下缺点：

（1）造成组织内部近亲繁殖。

（2）可能导致组织内部不和；

（3）会使员工被放在一个不能胜任的位置。

10. 答：

人力资源的性质主要表现如下：

（1）生命周期性。

（2）能动性。

（3）再生性。

（4）增值性。

（5）社会性。

第二编
综合模拟试卷

四川省高等教育自学考试
人力资源开发与管理
模拟试卷（一）

（课程代码　06093）

本试卷共 8 页，满分 100 分；考试时间 150 分钟。

总　分		题　号	一	二	三	四	五	六
核分人		题　分	15	10	15	20	30	10
复查人		得　分						

得 分	评卷人	复查人

一、单项选择题（本大题共 20 小题，每小题 1 分，共 20 分）

在每小题列出的四个备选项中只有一个是符合题目要求的，请将其代码填写在题后的括号内。错选、多选或未选均无分。

1. 具有劳动能力并能为社会创造财富的人称为（　　）。

A. 人力资本　　B. 劳动力资源

C. 人力资源　　D. 人口资源

2. 下列解决人力资源供大于求的方法中，对员工伤害最大的是（　　）。

A. 培训　　B. 减薪

C. 自然减员　　D. 工作分享

3. 下列属于科学管理阶段理论成果的是（　　）。

A. 经济人　　B. X 理论

C. 人类需求层次理论　　D. 非正式组织

4. 利润分享计划属于（　　）。

A. 个人可变薪酬　　B. 群体可变薪酬

C. 短期可变薪酬　　D. 长期可变薪酬

5. 在人力资源需求预测的方法中，通过书面形式收集专家意见，从而形成可行的、一致的预测结果的方法是（　　）。

A. 回归预测法　　B. 经验判断法

C. 趋势预测法　　D. 德尔菲法

6. 人力资源会给企业带来成本，但也是创造新价值的源泉，因此要（　　）。

A. 迎接新技术　　B. 变化管理

C. 开发人力资本　　D. 成本抑制

7. 以下各种所得信息最有深度的工作分析方法是（　　）。

A. 资料分析法　　B. 面谈法

C. 问卷调查法　　D. 观察法

8. 人力资源投资型战略的特点是（　　）。

A. 聘用大量员工，注重员工的开发和培训

B. 建立数量少且基本稳定的精英员工队伍

C. 视员工为可变成本，注重外部劳动力市场

D. 实行激励效果大的差异化工资制度

9. 对人员心理素质的要求应当属于（　　）。

A. 工作要求　　B. 工作说明书

C. 工作规范　　D. 工作描述

10. 工作中不能再细分的内容称为（　　）。

A. 职位　　B. 工作要素

C. 职责　　D. 职务

11. 以下各种招聘方式中，新聘用员工流失率最低的是（　　）。

A. 自荐求职者　　B. 员工推荐

C. 职业介绍所　　D. 校园招聘会

12. 员工的绩效每个时间都可能不同，这是绩效的（　　）。

A. 动态性　　B. 多维性

C. 多因性　　D. 长期性

13. 能够在短时间内向一大批人提供大量信息的培训方法是（ ）。

A. 角色扮演法 B. 案例教学法

C. 讲授法 D. 头脑风暴法

14. 帕森斯提出的理论是（ ）。

A. 职业生涯周期理论 B. 职业生涯系留点理论

C. 人职匹配理论 D. 人业互择理论

15. 跟考核主体关系不好可能造成绩效评价比较低，这属于考核的（ ）。

A. 趋中效应 B. 晕轮效应

C. 近因效应 D. 偏见效应

16. 员工选拔测试的两个重要指标是（ ）。

A. 信度和效度 B. 效度和效用

C. 信度和普适性 D. 效用和普适性

17. 与员工绩效直接相关的是（ ）。

A. 基本薪酬 B. 可变薪酬

C. 福利 D. 社会保障

18. 2017 年 10 月 1 日，企业安排员工工作且不能安排补休的，应支付的工资报酬不低于正常工资的（ ）。

A. 100% B. 200%

C. 300% D. 400%

19. 职业生涯周期的核心阶段是（ ）。

A. 成长阶段 B. 探索阶段

C. 确立阶段 D. 维持阶段

20. 用来表明考核期内重点目标的是（ ）。

A. 绩效标准 B. 绩效权重

C. 绩效目标 D. 绩效反馈

得 分	评卷人	复查人

二、多项选择题（本大题共5小题，每小题2分，共10分）

在每小题列出的五个备选项中至少有两个是符合题目要求的，请将其代码填写在题后的括号内。错选、多选、少选或未选均无分。

21. 行为科学阶段的代表人物有（ ）。

A. 梅奥　　B. 泰罗

C. 赫茨伯格　　D. 法约尔

E. 马斯洛

22. 属于企业自愿性福利的是（　　）。

A. 基本养老保险　　B. 失业保险

C. 企业年金　　D. 托儿所

E. 工伤保险

23. 培训需求分析的内容包括（　　）。

A. 环境分析　　B. 人员分析

C. 组织分析　　D. 任务分析

E. 战略分析

24. 影响人力资源数量的因素包括（　　）。

A. 人口总量　　B. 人口的年龄结构

C. 人口增长状况　　D. 人口迁移

E. 社会和经济发展状况

25. 绩效管理的内容包括（　　）。

A. 绩效结果的应用　　B. 绩效沟通

C. 绩效考核　　D. 绩效反馈

E. 绩效计划

得 分	评卷人	复查人

三、名词解释题（本大题共 5 小题，每小题 3 分，共 15 分）

26. 人力资源管理

27. 工作描述

28. 招聘评估

29. 职业

30. 绩效考核

得 分	评卷人	复查人

四、判断分析题（本大题共 4 小题，每小题 5 分，共 20 分）

判断正误，在题后的括号内，正确的划上“√”，错误的划上“×”，并简述理由。

31. 德尔菲法可以有效地避免专家之间由于名誉和地位而造成的对他人的影响，因此能充分表达专家本人的意见，结果较为客观，操作比较简单。（　　）

32. 在员工选拔测试中，信度高就说明测试有效。（　　）

33. 积累型战略用长期的观点来看待人力资源，关注员工发展，因此员工晋升较快，员工工资以个人绩效为基础，具有较强的激励性。 （ ）

34. 由于刚毕业的大学生对工作充满期待，因此通过校园招聘来的员工，流失率比较低。 （ ）

得 分	评卷人	复查人

五、简答题（本大题共3小题，每小题5分，共15分）

35. 简述职业生涯管理的意义。

36. 简述员工选拔的功能和意义。

37. 简述工作分析的意义。

得 分	评卷人	复查人

六、论述题（本大题共 2 小题，每小题 10 分，共 20 分）

38. 结合实际，分析员工培训的作用。

39. 结合实际，分析福利的影响因素。

四川省高等教育自学考试
人力资源开发与管理模拟试卷（一）
参考答案

（课程代码 06093）

一、单项选择题（本大题共20小题，每小题1分，共20分）

1. C 2. B 3. A 4. A 5. D 6. D 7. B 8. A 9. C
10. B 11. B 12. A 13. C 14. C 15. D 16. A 17. B 18. C
19. C 20. B

二、多项选择题（本大题共5小题，每小题2分，共10分）

21. CE 22. CD 23. BCD 24. ABCDE 25. ABCDE

三、名词解释题（本大题共5小题，每小题3分，共15分）

26. 人力资源管理是从组织发展战略、组织内外环境和人性特征出发，以充分发挥人力资源在组织资源系统中的特殊作用为目标，进行人员管理方面的政策制定及实践。

27. 工作描述表现为对有关工作流程与行为的描述，反映该项工作区别于其他工作的信息，说明有关工作是什么、为什么做、怎样做、在哪里做等。

28. 招聘评估是指在完成招聘活动后，用科学的方法和指标来测定人员招聘活动的实际效果，以确定此次招聘活动是否完成了预期目标。

29. 职业指不同时间、不同组织中工作性质类似或职责相当的职位的集合。

30. 绩效考核就是对员工的工作绩效进行评定。绩效考核是整个绩效管理过程中耗时最长也是最为重要的一个环节，绩效考核的实效会导致整个绩效管理工作的失败。

四、判断分析题（本大题共4小题，每小题5分，共20分）

31. 正确。

32. 错误。在员工选拔测试中，信度高并不说明测试有效。

33. 错误。积累型战略用长期的观点来看待人力资源，关注员工发展，采用雇佣制以公平对待员工。在这种制度下员工晋升速度慢，常采用以职务及年资标准，员工之间的落差不大。

34. 错误。刚毕业的大学生缺乏足够的经验，不能很快适应组织用人需求，通常需要进行一段时间的岗前培训。因此，通过校园招聘来的员工，存在流失率较高的问题。

五、简答题（本大题共3小题，每小题5分，共15分）

35. 答：职业生涯管理既能够最大限度地规划好个人职业，挖掘发展潜能，争取事业上的成功，又能够为组织提供充足的人力资源保证，有效遏制组织内部人才的流失，进一步加强员工对组织的忠诚度。

36. 答：（1）选拔到满足需要的员工。

（2）了解员工的工作能力与态度，以确定其岗位分配。

（3）通过选拔测试过程，可以了解与之相关的信息，对组织未来的用人有一定的作用。

37. 答：（1）为人力资源管理各项功能决策提供依据。

（2）通过对人员能力、个性等条件的分析，达到“人尽其才”的效果。

（3）通过对工作职责、工作流程的分析，达到“才尽其责”的效果。

（4）通过对工作环境、工作设备的分析，使人与物相互配合、相互协调。

（5）科学评估员工的绩效，有效激励员工。

六、论述题（本大题共2小题，每小题10分，共20分）

38. 答：

员工培训的作用主要有以下几点：

（1）适应环境的变化。

（2）提高工作绩效。

（3）提高员工的满足感和安全水平，满足他们的自身发展需要。

（4）营造优秀的组织文化。

39. 答：

影响福利的因素如下：

（1）外部因素：政府的法律法规、劳动力市场的标准、工会。

（2）内部因素：组织的战略、组织管理者的经营理念、员工偏好。

四川省高等教育自学考试
人力资源开发与管理
模拟试卷（二）

（课程代码　06093）

本试卷共 8 页，满分 100 分；考试时间 150 分钟。

总　分		题　号	一	二	三	四	五	六
核分人		题　分	15	10	15	20	30	10
复查人		得　分						

得 分	评卷人	复查人

一、单项选择题（本大题共 20 小题，每小题 1 分，共 20 分）

在每小题列出的四个备选项中只有一个是符合题目要求的，请将其代码填写在题后的括号内。错选、多选或未选均无分。

1. 通常所说的劳动力资源是指（　　）。

A. 16~60 周岁的具备从事体力劳动或脑力劳动的人口群体

B. 18 周岁以上的人口

C. 具有劳动能力的人

D. 一个国家或地区范围内的所有人口

2. 把人力资源规划分为战略性人力资源规划和战术性人力资源规划的分类标准是（　　）。

A. 规划的时间长短　　B. 规划的范围大小

C. 规划的性质　　D. 规划的起点

3. 调配规划属于（　　）。

A. 人员补充规划　　B. 人员配置规划

C. 教育培训规划　　D. 职业生涯规划

4. 通过组织以往各类人员之间流动比率来预测内部人员供给，是人力资源供给预测的（　　）。

A. 德尔菲法　　B. 管理者继任模型

C. 马尔可夫法　　D. 趋势预测法

5. 能够在短时间内向一大批人提供大量信息的培训方法是（　　）。

A. 头脑风暴法　　B. 讲授法

C. 案例教学法　　D. 角色扮演法

6. 人力资源积累型战略的特点是（　　）。

A. 视员工为资产，注重员工的开发和培训

B. 视员工为可变成本，注重外部劳动力市场

C. 实行差异较大的绩效工资

D. 建立数量少且基本稳定的精英员工队伍

7. 舒尔茨的理论产生于（　　）。

A. 科学管理阶段　　B. 人际关系阶段

C. 行为科学阶段　　D. 人力资本阶段

8. 以下各种解决人力资源供大于求的方法中，对员工伤害最小的是（　　）。

A. 培训　　B. 减薪

C. 工作分享　　D. 提前退休

9. 使一个员工负责原来分开的几项工作，这个过程是（　　）。

A. 工作专业化　　B. 工作轮换

C. 工作丰富化　　D. 工作扩大化

10. 员工在工作岗位上需要完成的一项或多项相互联系的任务的集合称为（　　）。

A. 职位　　B. 职责

C. 工作要素　　D. 职务

11. 对以下岗位进行工作分析时，观察法适合于（　　）。

A. 摄影师　　B. 飞行员

C. 装卸工　　D. 建筑设计师

12. 招聘一名生产工人最适合的方法是（　　）。

A. 猎头公司　　B. 自荐

C. 招聘会　　D. 职业介绍所

13. 把培训区分为岗前培训、在岗培训、岗外培训以及员工业余自学的分类标准是（　　）。

A. 培训地点　　B. 培训对象的角色

C. 培训技术　　D. 培训方式及时间

14. 在柯式评估模型中，如果受训者接受培训后并没有在工作中应用相关内容，则表明培训取得了较低的（　　）。

A. 反应　　B. 学习

C. 行为　　D. 结果

15. 认为每种人格模式都能找到与其适应的职业类型，即寻找与自己特征一致的职业，这种观点是（　　）。

A. 人业互择理论　　B. 人职匹配理论

C. 职业生涯系留点理论　　D. 职业生涯周期理论

16. 调配规划属于（　　）。

A. 人员补充规划　　B. 人员配置规划

C. 教育培训规划　　D. 职业生涯规划

17. 最早也是最简单的职位评价方法是（　　）。

A. 交替排序法　　B. 配对比较排序法

C. 简单排序法　　D. 分类法

18. 运用最为广泛的可变薪酬计划是（　　）。

A. 差额计件计划　　B. 计时计划

C. 佣金计划　　D. 直接计件计划

19. 由于被考核者本月工作业绩很好，导致主考者对其全年绩效评价都很高，这是考核中存在的（　　）问题。

A. 偏见效应　　B. 近因效应

C. 晕轮效应　　D. 趋中效应

20. 单位内部幼儿园属于（　　）。

A. 国家法定福利　　B. 法定社会保险

C. 组织自愿性福利　　D. 企业年金

得 分	评卷人	复查人

二、多项选择题（本大题共5小题，每小题2分，共10分）

在每小题列出的五个备选项中至少有两个是符合题目要求的，请将其代码填写在题后的括号内。错选、多选、少选或未选均无分。

21. 下列属于人际关系阶段的成果有（　　）。

A. 人类需求层次理论　　B. 非正式组织理论
C. 经济人理论　　D. 科学管理理论
E. 社会人理论

22. 以下不属于法定社会保险的是（　　）。

A. 企业年金　　B. 人寿保险
C. 失业保险　　D. 基本医疗保险
E. 工伤保险

23. 下列属于外部招聘渠道的有（　　）。

A. 档案分析　　B. 自荐
C. 人才交流会　　D. 校园招聘
E. 猎头公司

24. 绩效管理的目的包括（　　）。

A. 开发目的　　B. 战略目的
C. 奖惩目的　　D. 晋升目的
E. 管理目的

25. 建立在雇主监督-控制员工绩效基础的人力资源战略的类型包括（　　）。

A. 诱引型战略　　B. 效用型战略
C. 积累型战略　　D. 参与型战略
E. 投资型战略

得 分	评卷人	复查人

三、名词解释题（本大题共 5 小题，每小题 3 分，共 15 分）

26. 职业生涯管理

27. 可变薪酬

28. 人员招聘

29. 人职匹配理论

30. 绩效考核

得 分	评卷人	复查人

四、判断分析题（本大题共 4 小题，每小题 5 分，共 20 分）

判断正误，在题后的括号内，正确的划上"√"，错误的划上"×"，并简述理由。

31. 人力资源的生命周期性表现为人力资源在劳动过程中被消耗之后，能够通过休息和补充营养恢复到原有的状态。（　　）

32. 工作说明书又称为任职资格说明书，是工作分析的结果，主要说明从事某项特定工作的人员需要具备的基本素质和条件。（　　）

33. 霍兰德人业互择理论认为职业选择是个人人格的反映和延伸，人格类型与职业类型的对应关系是绝对的。（　　）

34. 绩效管理过程中耗时最长也是最为重要的环节是绩效沟通。（　　）

得 分	评卷人	复查人

五、简答题（本大题共 3 小题，每小题 5 分，共 15 分）

35. 简述员工培训的作用。

36. 简述建立整体薪酬战略的步骤。

37. 简述组织职业生涯管理的目标。

得 分	评卷人	复查人

六、论述题（本大题共 2 小题，每小题 10 分，共 20 分）

38. 结合实际，分析内部招聘的优缺点。

39. 结合实际，试述影响绩效考核的因素有哪些。

四川省高等教育自学考试
人力资源开发与管理模拟试卷（二）
参考答案

（课程代码　06093）

一、单项选择题（本大题共 20 小题，每小题 1 分，共 20 分）

1. A　2. C　3. B　4. C　5. B　6. A　7. D　8. A　9. D
10. B　11. C　12. C　13. D　14. C　15. B　16. B　17. C　18. D
19. C　20. C

二、多项选择题（本大题共 5 小题，每小题 2 分，共 10 分）

21. BE　22. AB　23. BCDE　24. ABE　25. ADE

三、名词解释题（本大题共 5 小题，每小题 3 分，共 15 分）

26. 职业生涯管理主要是指对职业生涯的设计与开发。

27. 可变薪酬是根据员工是否达到或超过某一事先确立的个体、部门、团队或整个组织的绩效标准而浮动的报酬。

28. 人员招聘是以组织人员需求为基础，以工作分析为依据，通过发布招聘信息来吸引应聘者，从中挑选出适合岗位需求的人员，并向他们分配工作岗位，使其补充到现有的或计划的岗位空缺的过程。

29. 人职匹配理论认为每个人都有自己独特的人格模式，每种人格模式都能找到与其适应的职业类型，就是人与职业相匹配，即寻找与自己特性相一致的职业。

30. 绩效考核是指按照事先确定的工作目标及其衡量标准，评价员工在实际完成既定工作目标以及克服所遇到的问题的程序。

四、判断分析题（本大题共 4 小题，每小题 5 分，共 20 分）

31. 错误。改：人力资源的再生性表现为人力资源在劳动过程中被消耗之后，能够通过休息和补充营养恢复到原有的状态。

32. 错误。改：工作规范又称为任职资格说明书，是工作分析的结果，主要说明从事某项特定工作的人员需要具备的基本素质和条件。

33. 错误。霍兰德人业互择理论认为职业选择是个人人格的反映和延伸，人格类型与职业类型的对应关系并非是绝对的。

34. 错误。耗时最长和最为重要的环节是绩效考核。

五、简答题（本大题共3小题，每小题5分，共15分）

35. 答：（1）适应环境的变化。

（2）提高工作绩效。

（3）提高员工的满足感和安全水平，满足他们的自身发展需要。

（4）营造优秀的组织文化。

36. 答：（1）全面评价组织内外部环境对薪酬的影响。

（2）根据组织内外部环境，制定薪酬决策，形成薪酬战略。

（3）制定相应的薪酬系统来实现薪酬战略。

（4）评价和调整薪酬系统，以使其适应不断变化的内外部环境。

37. 答：（1）员工的组织化。

（2）协同组织与员工的关系。

（3）为员工提供发展机会。

（4）促进组织事业的发展。

六、论述题（本大题共2小题，每小题10分，共20分）

38. 答：

优点如下：

（1）可以提高士气。

（2）组织与被录用人员相互了解。

（3）内部招聘速度快、成本低。

缺点如下：

（1）造成组织内部近亲繁殖。

（2）可能导致组织内部不和。

（3）会使员工被放在一个不能胜任的位置。

39. 答：

影响绩效考核的因素如下：

（1）考核主体。

（2）考核的标准和考核方法。

（3）组织条件。

四川省高等教育自学考试
人力资源开发与管理
模拟试卷（三）

（课程代码　06093）

本试卷共 8 页，满分 100 分；考试时间 150 分钟。

总　分		题　号	一	二	三	四	五	六
核分人		题　分	20	10	15	20	15	20
复查人		得　分						

得 分	评卷人	复查人

一、单项选择题（本大题共 20 小题，每小题 1 分，共 20 分）

在每小题列出的四个备选项中只有一个是符合题目要求的，请将其代码填写在题后的括号内。错选、多选或未选均无分。

1. 一个国家或地区拥有的人口总量称为（　　）。

A. 人口资源　　B. 人力资源

C. 人力资本　　D. 劳动力资源

2. 认为存在一种最合理的方式来完成一项工作的是（　　）。

A. 科学管理理论　　B. 人际关系学说

C. 行为科学学派　　D. 早期管理理论

3. 调配规划属于（　　）。

A. 人员补充规划　　B. 人员配置规划

C. 教育培训规划　　D. 职业生涯规划

4. 下列解决人力资源供不应求的方法中可撤回程度最高的是（　　）。

A. 外包　　B. 内部流动

C. 技术创新　　D. 外部雇佣新人

5. 通过建立人力资源需求量及其影响因素之间的函数关系，根据影响因素的变化来推测人力资源需求量的方法是（　　）。

A. 经验判断法　　B. 回归预测法

C. 趋势预测法　　D. 德尔菲法

6. 说明从事特定工作的人员需要具备的基本素质和条件的文本称为（　　）。

A. 工作规范　　B. 工作分析

C. 工作描述　　D. 工作说明书

7. 在组织中，需要与员工一一对应的是（　　）。

A. 职务　　B. 职类

C. 任务　　D. 职位

8. 员工在工作岗位上需要完成的一项或多项相互联系的任务的集合称为（　　）。

A. 职位　　B. 职类

C. 职责　　D. 职务

9. 某人在同一测试中，多次结果各不相同，说明该测试的（　　）。

A. 信度低　　B. 效度低

C. 效用高　　D. 普适性差

10. 以下职位中，通过猎头公司招聘最为有效的是（　　）。

A. 营销主管　　B. 打字员

C. 助理工程师　　D. 人力资源总监

11. 招聘员工时要以满足企业的用人需求为目的，这是招聘的（　　）。

A. 最优原则　　B. 以岗定人原则

C. 公正公平原则　　D. 宁缺毋滥原则

12. 在常用的培训方法中，使用最为普遍的是（　　）。

A. 讲授法　　B. 案例教学法

C. 角色扮演法　　D. 工作轮换法

13. 培训计划的心理来源之一是（　　）。

A. 仔细的人事记录分析　　B. 真诚的面谈

C. 准确的工作考核　　D. 细心的观察

14. 职业生涯系留点理论的提出者是（　　）。

A. 帕森斯　　B. 霍兰德

C. 施恩　　D. 梅奥

15. 在霍兰德的六种人格类型及相应的职业中，汽车推销员代表的人格类型是（　　）。

A. 实际型　　B. 研究型

C. 传统型　　D. 企业型

16. 在职业生涯周期理论中，人们开始认真思考自己将来可能选择职业的阶段是（　　）。

A. 成长阶段　　B. 探索阶段

C. 确立阶段　　D. 维持阶段

17. 由于员工在考核时期内有意识地改善自己的绩效，使近期工作绩效提高，导致考核结果出现偏差，这属于考核中的（　　）。

A. 趋中效应　　B. 晕轮效应

C. 近因效应　　D. 偏见效应

18. 绩效考核要能够衡量出与员工工作绩效相关的所有方面的内容，这表明考核要有（　　）。

A. 信度　　B. 效度

C. 接受度　　D. 明确度

19. 带薪年休假属于（　　）。

A. 国家法定福利　　B. 法定社会保险

C. 组织自愿性福利　　D. 员工服务

20. 对销售人员的绩效奖励常使用（　　）。

A. 计件计划　　B. 一次性可变薪酬计划

C. 计时计划　　D. 佣金计划

得 分	评卷人	复查人

二、多项选择题（本大题共 5 小题，每小题 2 分，共 10 分）

在每小题列出的五个备选项中至少有两个是符合题目要求的，请将其代码填写在题后的括号内。错选、多选、少选或未选均无分。

21. 建立在雇主-员工交换关系基础上的人力资源战略的类型包括（　　）。

A. 积累型战略　　B. 效用型战略

C. 诱引型战略　　D. 参与型战略

E. 协助型战略

22. 进行工作分析要遵循的步骤包括（　　）。

A. 需求分析　　B. 可行性分析

C. 评估工作特征　　D. 制订工作设计方案

E. 评价与推广

23. 员工培训的特点包括（　　）。

A. 全员培训　　B. 针对性培训

C. 相关培训　　D. 能力培训

E. 多样化培训

24. 以下属于法定社会保险的是（　　）。

A. 人寿保险　　B. 基本医疗保险

C. 失业保险　　D. 企业年金

E. 生育保险

25. 绩效的性质包括（　　）。

A. 多因性　　B. 多维性

C. 动态性　　D. 主观性

E. 及时性

得 分	评卷人	复查人

三、名词解释题（本大题共5小题，每小题3分，共15分）

26. 职业生涯管理

27. 员工选拔

28. 人力资源质量

29. 人力资源战略

30. 人职匹配理论

得 分	评卷人	复查人

四、判断分析题（本大题共 4 小题，每小题 5 分，共 20 分）

判断正误，在题后的括号内，正确的划上“√”，错误的划上“×”，并简述理由。

31. 工作丰富化就是工作扩大化。（　　）

32. 绩效管理有助于组织适应组织结构的不断调整。（　　）

33. 招聘测试信度越高，测试越有效。（　　）

34. 职业生涯是员工个人职业发展的全过程，因此职业生涯是员工个人的事情。（ ）

得 分	评卷人	复查人

五、简答题（本大题共3小题，每小题5分，共15分）

35. 简述绩效管理的内容。

36. 简述影响人力资源需求的因素。

37. 简述现代人力资源开发与管理面临的挑战。

得 分	评卷人	复查人

六、论述题（本大题共 2 小题，每小题 10 分，共 20 分）

38. 结合实际，请你谈谈如何进行福利项目的优化设计。

39. 结合实际，请你谈谈员工培训的作用。

四川省高等教育自学考试
人力资源开发与管理模拟试卷（三）
参考答案

（课程代码 06093）

一、单项选择题（本大题共 20 小题，每小题 1 分，共 20 分）

1. A　2. A　3. B　4. A　5. B　6. A　7. D　8. C　9. A
10. D　11. B　12. A　13. C　14. C　15. D　16. B　17. C　18. B
19. A　20. D

二、多项选择题（本大题共 5 小题，每小题 2 分，共 10 分）

21. ABE　22. ABCDE　23. ACDE　24. BCE　25. ABC

三、名词解释题（本大题共 5 小题，每小题 3 分，共 15 分）

26. 职业生涯管理主要是指对职业生涯的设计与开发。

27. 员工选拔是指组织（或企业）在招募工作完成之后，通过一定的科学方法和手段，从众多的应聘者中审查和筛选出适合用人条件和用人标准的人员的过程。

28. 人力资源质量是劳动者具有的体质、智力、知识、技能、态度和价值观等方面的状况。

29. 人力资源战略是指组织中一切与人有关问题的方向性的谋划，它是一种意在充分合理地运用组织各种人力资源，使其发挥出最大竞争优势，以配合组织的战略需求，实现组织目标的各种人力资源使用模式和活动综合。

30. 人职匹配理论认为每个人都有自己独特的人格模式，每种人格模式都能找到与其适应的职业类型，就是人与职业相匹配，即寻找与自己特性相一致的职业。

四、判断分析题（本大题共 4 小题，每小题 5 分，共 20 分）

31. 错误。工作扩大化是增大工作范围，工作丰富化是增加工作的深度，两者并不相同。

32. 正确。由于处在竞争激烈的国际竞争环境中，许多企业都在适时调整组织结构以适应外部环境的变化，组织结构的调整会导致管理思想及管理风格的变化，如适度授权给员工，以便更快更好地满足顾客需求；让员工更多地参与管理，提高工作满意度；等等。这一切必须通过绩效系统的建立才能实现。

33. 错误。信度高并不能说明测试有效，必须要在测试效度保证的前提下，才能做出信度越高，测试结果越有效的判断。即使应聘者在某个项目上的测试结果保持非常高的一致性，但如果测试内容与实际工作能力要求无关，测试也是无效的。但是，如果测试的信度很低，那么也就意味着测试的有效性很低。

34. 错误。我们每个人都是自己职业生涯的管理者，在对个人的职业生涯进行设计和开发过程中，个人起着主要作用。但是，我们每个人又属于一定的组织，对于每一位员工来说，其所属的组织会对其职业生涯产生重要的影响。组织是职业生涯赖以存在的载体，如果没有组织，个人职业生涯设计得再好，英雄也无用武之地，职业生涯就不可能实现。同时，组织的存在和发展也依赖个人具体的职业实现，个人职业生涯的开发与发展是关系到组织命运的基本保障。

五、简答题（本大题共 3 小题，每小题 5 分，共 15 分）

35. 答：绩效管理的内容包括绩效考核、绩效计划、绩效沟通和绩效反馈，绩效管理是由这四个部分组成的一个完整的系统。

36. 答：（1）组织外部环境因素。

（2）组织内部环境因素。

（3）人力资源本身的因素。

37. 答：（1）全球化。

（2）迎接新技术。

（3）变化管理。

（4）开发人力资本。

（5）成本抑制。

六、论述题（本大题共 2 小题，每小题 10 分，共 20 分）

38. 答：（1）优化福利项目，严格控制福利成本。其主要有以下方式：设置享受福利的等待期，如新员工开始时可能会被排除在福利保障之外，直到其试用期满；要求员工承担一部分福利购买的费用；对福利待遇的享受进行限制，如规定某一限额，限额以下的支出由员工自己承担，超过这一限额才能享受福利，或者规定享受福利的上线；等等。

（2）实行弹性福利计划。例如，附加型弹性福利、核心加选择型弹性计划、支用账户式弹性福利、福利“套餐”、选择性弹性福利等。

（结合实际，展开论述。）

39. 答：

员工培训对组织发展有许多的作用，主要包括以下几点：

（1）适应环境的变化。组织处于时刻变化、日益激烈的市场环境中，培训可以使普通员工和管理者跟上变化的形势，尽量减少或缩小因环境变化、不适应变化而出现的“磨合期”。

（2）提高工作绩效。培训使员工获得新知识、新技能、新价值、新理念，把员工培养成有更大生产潜力和创新意识的个体，将培训开发变成组织应对挑战的“第一动力”，形成人力资源是组织“第一资本”的现代经营理论，最终提高组织的综合实力和经营绩效。

（3）提高员工的满足感和安全水平，满足他们的自身发展需要。培训可以提高员工的知识和技能，感受管理层对员工的关心和重视，加强自身职业发展的安全感。

（4）营造优秀的组织文化。一方面，组织对员工进行组织文化的培训，可以加深员工对组织文化的理解与认同；另一方面，组织可以通过培训和开发活动，营造一种学习的、积极的组织氛围。

（结合实际，展开论述。）

四川省高等教育自学考试
人力资源开发与管理
模拟试卷（四）

（课程代码　06093）

本试卷共 8 页，满分 100 分；考试时间 150 分钟。

总　分		题　号	一	二	三	四	五	六
核分人		题　分	20	10	15	20	15	20
复查人		得　分						

得 分	评卷人	复查人

一、单项选择题（本大题共 20 小题，每小题 1 分，共 20 分）

在每小题列出的四个备选项中只有一个是符合题目要求的，请将其代码填写在题后的括号内。错选、多选或未选均无分。

1. 在现代人力资源管理中，被称为“组织理论之父”的是（　　）。

A. 法约尔　　B. 泰勒

C. 韦伯　　D. 梅奥

2. 人力资本理论的提出者是（　　）。

A. 泰罗　　B. 梅奥

C. 舒尔茨　　D. 马克思

3. 认为存在一种最合理的方式来完成一项工作的是（　　）。

A. 人事管理　　B. 科学管理

C. 组织行为学　　D. 人际关系学说

4. 在现代管理阶段中，以人际关系为出发点的时期是（　　）。

A. 产业革命阶段　　B. 科学管理阶段

C. 行为科学阶段　　D. 人力资本管理阶段

5. 人力资源规划的基础是（　　）。

A. 外部环境　　B. 组织的战略目标

C. 组织结构　　D. 组织文化

6. 在人力资源需求预测的方法中，通过书面形式收集专家意见，从而形成可行的、一致的预测结果的方法是（　　）。

A. 趋势预测法　　B. 德尔菲法

C. 经验判断法　　D. 回归预测法

7. 下列职位中，通过猎头公司招聘最为有效的是（　　）。

A. 司机　　B. 打字员

C. 人力资源总监　　D. 助理工程师

8. 在绩效管理过程中耗时最长也是最为重要的一个环节是（　　）。

A. 绩效考核　　B. 绩效反馈

C. 绩效计划　　D. 绩效沟通

9. 合适的培训者不需要必须具备的条件是（　　）。

A. 较高的素质　　B. 充分的授课准备

C. 高学历　　D. 丰富的培训经验

10. 提出“人职匹配理论”的学者是（　　）。

A. 金兹伯格　　B. 萨伯

C. 帕森斯　　D. 霍兰德

11. 由美国创造学家奥斯本提出的一种激发创造性思维的方法是（　　）。

A. 角色扮演法　　B. 案例教学法

C. 头脑风暴法　　D. 讲授法

12. 当管理者特别讨厌某个下属的某个缺点时，往往会倾向于认为这个下属的其他工作表现也很差。这种现象被称为（　　）。

A. 晕轮效应　　B. 第一印象

C. 偏紧倾向　　D. 霍桑效应

13. 对以智力为主的工作进行分析时不宜采用（　　）。

A. 资料收集法　　B. 面谈法

C. 观察法　　D. 关键事件法

14. 个体在工作岗位上需要完成的一个或多个任务是指（　　）。

A. 职位　　B. 职责

C. 职务　　D. 职业

15. 企业年金又称（　　）。

A. 基本养老保险　　B. 个人储蓄养老保险

C. 补充养老保险　　D. 公积金

16. 在我国人才市场上存在着“性别歧视、年龄歧视、学历歧视”等就业歧视现象，这违背了人力资源获取的（　　）。

A. 效率优先原则　　B. 公平公正原则

C. 确保质量原则　　D. 动态性原则

17. 在进行绩效考核时，大多数员工的考核得分都是中等或良好，集中性地居于同一档次。这种情况被称为（　　）。

A. 首因效应　　B. 趋中效应

C. 近因效应　　D. 晕轮效应

18. 人力资源报酬的主体是（　　）。

A. 福利　　B. 基本薪酬

C. 间接薪酬　　D. 奖金

19. 根据人业互择理论，下列各选项中属于实际型人格的是（　　）。

A. 飞行员　　B. 律师

C. 出纳员　　D. 图书管理员

20. 招聘专业人员时，最适合发布招聘信息的渠道是（　　）。

A. 杂志　　B. 电视

C. 报纸　　D. 电脑网络

得 分	评卷人	复查人

二、多项选择题（本大题共5小题，每小题2分，共10分）

在每小题列出的五个备选项中至少有两个是符合题目要求的，请将其代码填写在题后的括号内。错选、多选、少选或未选均无分。

21. 以下选项属于福利的是（　　）。

A. 社会保险　　B. 奖金

C. 住房公积金　　D. 法定休假

E. 企业年金

22. 人力资源供不应求时，组织可以采取的措施有（　　）。

A. 外部雇佣　　B. 提高现有员工的效率

C. 加班　　D. 降低员工流失率

E. 加强内部流动

23. 工作设计的方法包括（　　）。

A. 工作轮换　　B. 实行弹性工作制

C. 工作扩大化　　D. 工作丰富化

E. 工作专业化

24. 提高人员招聘的有效性，需要注意（　　）。

A. 确定招聘需求　　B. 选择良好的招募渠道

C. 组织精干的招聘队伍　　D. 设计合理的招聘流程

E. 选择合适的选拔测试方法

25. 培训效果评估方法有（　　）。

A. 问卷法　　B. 现场成果测定法

C. 追踪法　　D. 对照法

E. 考核法

得 分	评卷人	复查人

三、名词解释题（本大题共 5 小题，每小题 3 分，共 15 分）

26. 绩效沟通

27. 职业生涯

28. 员工选拔

29. 工作规范

30. 人力资源规划

得 分	评卷人	复查人

四、判断分析题（本大题共4小题，每小题5分，共20分）

判断正误，在题后的括号内，正确的划上“√”，错误的划上“×”，并简述理由。

31. 一般情况下，一份工作说明书并不会随任职者的去留而改变。 （ ）

32. 在具体的管理工作中，绩效管理就是绩效考核。 （ ）

33. 人力资源的数量与质量之间存在相同的替代性。（　　）

34. 工作丰富化增加员工工作任务的横向多样化，可以产生高效率。（　　）

得 分	评卷人	复查人

五、简答题（本大题共 3 小题，每小题 5 分，共 15 分）

35. 简述薪酬的作用。

36. 简述对人力资源规划进行评估的原因。

37. 简述员工培训的作用。

得 分	评卷人	复查人

六、论述题（本大题共2小题，每小题10分，共20分）

38. 结合实际，谈谈工作轮换的优缺点。

39. 论述招聘人员面试环节中常出现的问题以及如何防范。

四川省高等教育自学考试
人力资源开发与管理模拟试卷（四）
参考答案

（课程代码　06093）

一、单项选择题（本大题共20小题，每小题1分，共20分）

1. C　2. C　3. B　4. C　5. B　6. B　7. C　8. A　9. C
10. C　11. C　12. A　13. C　14. B　15. C　16. B　17. B　18. B
19. A　20. A

二、多项选择题（本大题共5小题，每小题2分，共10分）

21. ACDE　22. ABCDE　23. ABCDE　24. BCE　25. ABCDE

三、名词解释题（本大题共5小题，每小题3分，共15分）

26. 绩效沟通是指在绩效考核期内，通过领导者和员工之间持续的沟通，及时发现和解决考核过程中出现的问题，确保组织目标的实现。

27. 职业生涯是指一个人一生中在不同职业岗位上工作过的所有经历。

28. 员工选拔是指通过一定的测试方法，对众多的应聘者进行鉴别和考察，从中挑选出满足组织需要的人员。

29. 工作规范是工作分析结果的一个组成部分，主要说明从事某项特定工作的人员需要具备的基本素质和条件，规定了完成工作需要的最低要求。

30. 从广义上讲，人力资源规划是指预测未来的组织任务和环境对组织的要求，根据组织任务和环境对组织的要求而制定人力资源管理的行动方针的过程。从狭义上讲，人力资源规划是指根据组织的战略目标和外部环境的变化，合理地分析和预测组织对人力资源的需求与供给状况，并根据这些制订出相应的计划，以保证组织在适当的时候获得适当数量、质量和结构的人力资源，满足组织和个人的需求。

四、判断分析题（本大题共4小题，每小题5分，共20分）

31. 正确。因为有关职位的性质及要求并无改变，人力资源部门仍会按照原来的要求，聘用新员工。

32. 错误。绩效考核只是绩效管理的一个环节。如果只关注绩效考核结果，而忽视了绩效计划、沟通、反馈等环节，必然会偏离实施绩效管理的初衷。有效的绩效考核依赖于整个绩效管理过程的成功开展。

33. 错误。一般来说，人力资源的质量对数量的替代性较强，而其数量对质量的替代性较弱，有时甚至是不能替代的。

34. 错误。工作扩大化增加员工工作任务的横向多样化，可以产生高效率。工作丰富化就是增加工作的深度，使工作者拥有更大的自主权、独立性和责任感，从事完整的活动，以便工作者可以评价和改进自己的工作绩效。

五、简答题（本大题共3小题，每小题5分，共15分）

35. 答：

从员工方面：

（1）提供经济保障。

（2）产生激励作用。

从组织方面：

（1）吸引和留住人才。

（2）控制经营成本。

从社会方面：薪酬构成了全体成员的可支配收入。

36. 答：（1）组织对人力资源进行评估，可以对人力资源规划的执行形成一定的压力，防止规划的实施流于形式。

（2）组织在对人力资源规划进行评估的过程中，可以广泛地听取组织内员工对人力资源管理工作的意见和建议，有利于人力资源规划内容的不断完善。

（3）人力资源规划是一个持续的动态过程，需要根据组织的内外部环境的变化进行不断的调整。

37. 答：（1）适应环境的变化。

（2）提高工作绩效。

（3）提高员工的满足感和安全水平，满足员工的自身发展需要。

（4）营造优秀的组织文化。

六、论述题（本大题共2小题，每小题10分，共20分）

38. 答：

工作轮换的优点如下：

（1）通过丰富员工工作的内容，减少员工的枯燥感，激发员工的工作积极性，提升员工的自身竞争力。

（2）可以为员工提供一个个体行为适应总体工作的适宜环境，增加员工对自己的最终成果的认识。

（3）能够扩大员工的技能范围，这样管理人员在安排工作、填补职位空缺时，就具有很大的灵活性。

工作轮换的缺点如下：

（1）工作轮换会使培训费用上升。

（2）当员工在原先的岗位上工作效率已经很高时，如果这时将其轮换到另一个工作岗位时，势必会影响到组织的现有生产力。

（3）当员工的工作环境改变以后，他就需要重新适应，调整和适应自己与周围人的关系，这需要管理人员付出更多的精力来处理这些来自人际关系方面的问题。

（结合实际，展开论述。）

39. 答：

面试环节中常出现的问题如下：

（1）晕轮效应。

（2）与我相似心理。

（3）第一印象。

预防措施如下：

（1）以面试目的为中心。

（2）注意倾听。

（3）注意观察应聘者的非语言行为。

（4）对面试过程中的对象一视同仁。

（结合实际，展开论述。）

四川省高等教育自学考试
人力资源开发与管理
模拟试卷（五）

（课程代码　06093）

本试卷共8页，满分100分；考试时间150分钟。

总　分		题　号	一	二	三	四	五
核分人		题　分	20	12	20	24	24
复查人		得　分					

得 分	评卷人	复查人

一、单项选择题（本大题共20小题，每小题1分，共20分）

在每小题列出的四个备选项中只有一个是符合题目要求的，请将其代码填写在题后的括号内。错选、多选或未选均无分。

1. 人力资源开发与管理的首要环节是（　　）。

A. 用人　　B. 育人

C. 选人　　D. 留人

2. “科学管理之父”是（　　）。

A. 泰勒　　B. 马斯洛

C. 亚当·斯密　　D. 梅奥

3. 下列选项中，属于建立在雇主-员工交换关系基础上的人力资源战略是（　　）。

A. 投资型战略　　B. 诱引型战略

C. 参与型战略　　D. 积累型战略

4. 制定人力资源战略的前提和基础是（　　）。

A. 组织要求　　B. 组织战略

C. 组织文化　　D. 组织结构

5. 下列选项中，不属于人员配置规划的是（　　）。

A. 晋升规划　　B. 调配规划

C. 岗位职务规划　　D. 退休解聘规划

6. 增加工作的深度是指（　　）。

A. 工作扩大化　　B. 工作分享制

C. 工作轮换　　D. 工作丰富化

7. 工作分析方法中，一般不能单独使用，最好与其他方法一起使用的是（　　）。

A. 资料分析法　　B. 现场观察法

C. 面谈法　　D. 问卷调查法

8. 下列选项中，属于内部选拔方式的是（　　）。

A. 档案筛选法　　B. 员工推荐

C. 自荐求职者　　D. 猎头公司

9. 情境模拟的具体方法不包括（　　）。

A. 公文处理　　B. 面试

C. 无领导小组讨论　　D. 角色扮演

10. 由哈佛大学首创的一种教学和培训方法是（　　）。

A. 讲授法　　B. 案例教学法

C. 角色扮演法　　D. 工作轮换法

11. 柯式评估模型中，培训评估的最低层次是（　　）。

A. 行为层评估　　B. 学习层评估

C. 反应层评估　　D. 结果层评估

12. 上岗培训又称为（　　）。

A. 在岗培训　　B. 在职培训

C. 岗前培训　　D. 岗外培训

13. 出纳员在霍兰德人业互择理论中的人格类型属于（　　）。

A. 实际型　　B. 传统型

C. 研究型　　D. 社会型

14. 人职匹配理论的提出者是（　　）。

A. 帕森斯　　B. 霍兰德

C. 施恩　　D. 萨柏

15. 职业生涯周期理论中，职业生涯的核心阶段是（　　）。

A. 成长阶段　　B. 确立阶段

C. 探索阶段　　D. 维持阶段

16. 在绩效考核中，最简单的绩效评价方法是（　　）。

A. 量表法　　B. 讲授法

C. 比较法　　D. 案例分析法

17. 绩效考核系统的一致性和稳定性是指（　　）。

A. 明确度　　B. 接受度

C. 效度　　D. 信度

18. 企业年金又称（　　）。

A. 基本养老保险　　B. 个人储蓄养老保险

C. 补充养老保险　　D. 公积金

19. 人力资源报酬的主体是（　　）。

A. 福利　　B. 基本薪酬

C. 间接薪酬　　D. 奖金

20. 薪酬管理要遵循最低工资法，体现了薪酬管理的（　　）。

A. 合法性原则　　B. 经济性原则

C. 公平性原则　　D. 激励性原则

得 分	评卷人	复查人

二、名词解释题（本大题共 4 小题，每小题 3 分，共 12 分）

21. 德尔菲法

22. 员工选拔

23. 头脑风暴法

24. 个人可变薪酬计划

得 分	评卷人	复查人

三、判断改错题（本大题共5小题，每小题4分，共20分）

判断正误，在题后的括号内，正确的划上"√"，错误的划上"×"，并改正错误。

25. 为了保证人力资源规划评估结果公正，进行评估审核的人员可以是规划制定者的上级或同级，也可以是规划执行者本人及其下属。（　　）

26. 俗话说："军无财，士不来，军无赏，士不往。"给予员工必要的物质报酬和奖励是留住人才的基础。（　　）

27. CIPP 模型是目前最常用的培训评估方式。（　　）

28. 职业生涯仅包含工作或职业。 (　　)

29. 人力资源的数量与质量之间存在相同的替代性。 (　　)

得 分	评卷人	复查人

四、简答题（本大题共4小题，每小题6分，共24分）

30. 简述现代人力资源开发与管理面临的挑战。

31. 简述工作分析的意义。

32. 简述职业生涯管理的影响因素。

33. 简述国家法定福利的主要项目。

得 分	评卷人	复查人

五、论述题（本大题共 2 小题，每小题 12 分，共 24 分）

34. 试述内部招聘的优缺点。

35. 试述绩效考核中容易存在的问题。

四川省高等教育自学考试
人力资源开发与管理模拟试卷（五）
参考答案

（课程代码 06093）

一、单项选择题

1. C　2. A　3. D　4. C　5. B　6. B　7. C　8. A　9. C

10. C　11. C　12. A　13. C　14. B　15. B　16. B　17. B　18. B

19. A　20. A

二、名词解释题

21. 德尔菲法是20世纪40年代末在美国兰德公司的“思想库”中发展出来的一种定性预测技术。德尔菲法一般采用问卷的方式，以书面的形式收集各位专家对组织未来人力资源需求量以及相关因素的分析和评估，并经过多轮反复，最终达成一致意见。因此，这种方法也称为专家评估法。

22 员工选拔是指通过一定的测试方法，对众多的应聘者进行鉴别和考察，从中挑选出适合组织需要的人员。

23. 头脑风暴法是美国创造学家奥斯本1939年首次提出的一种激发创造性思维的方法。这种方法可以使所有参与者能够针对某一特定的问题，畅所欲言地提出自己的想法，并激发彼此的创造性思维。采用头脑风暴法进行培训，能够最大限度地发挥员工的想象力，并充分运用集体智慧。这既是一种方法，又可以对员工进行解决问题的思维能力训练。

24. 个人可变薪酬计划是根据员工个人是否达到某一确定的绩效标准，而提供奖励的一种报酬制度。

三、判断改错题（本大题共5小题，每小题4分，共20分）

25. 错误。改：为了保证人力资源规划评估结果公正，进行评估审核的人员可以是规划制定者的上级或同级，但不能是执行者本人及其下属。

26. 正确。

27. 错误。改：柯式评估模型是目前最常用的培训评估方式。CIPP 模型是一个比较完善的模型，但不是最常用的培训评估方式。

28. 错误。改：职业生涯不仅包含工作或职业，还包含个人的生活风格和个人在一生中从事的所有职业。

29. 错误。改：一般来说，人力资源的质量对数量的替代性较强，而数量对质量的替代性较弱，有时甚至是不能替代的。

四、简答题（本大题共 4 小题，每小题 6 分，共 24 分）

30. 答：（1）全球化。

（2）迎接新技术。

（3）变化管理。

（4）开发人力资本。

（5）成本抑制。

31. 答：（1）为人力资源管理各项功能决策提供依据。

（2）通过对人员能力、个性等条件的分析，达到“人尽其才”的效果。

（3）通过对工作职责、工作流程的分析，达到“才尽其责”的效果。

（4）通过对工作环境、工作设备的分析，使人与物相互配合、相互协调。

（5）科学评估员工的绩效，有效激励员工。

32. 答：（1）教育背景。

（2）家庭影响。

（3）个人需求与心理动机。

（4）机会。

（5）社会环境。

33. 答：（1）法定社会保险。

（2）基本医疗保险。

（3）失业保险。

（4）工伤保险。

（5）生育保险。

五、论述题（本大题共 2 小题，每小题 12 分，共 24 分）

34. 答：

优点如下：

（1）可以提高士气。

（2）组织与被录用人员相互了解。

（3）内部招聘速度快、成本低。

缺点如下：

（1）造成组织内部近亲繁殖。

（2）可能导致组织内部不和。

（3）会使员工被放在一个不能胜任的位置。

35. 答：

绩效考核中存在的问题如下：

（1）绩效考核标准不明确。

（2）晕轮效应。

（3）趋中效应。

（4）近因效应。

（5）偏见效应。

第三编
考前冲刺模拟试卷

四川省高等教育自学考试
人力资源开发与管理
考前冲刺模拟试卷（一）

（课程代码　06093）

本试卷共8页，满分100分；考试时间150分钟。

总　分		题　号	一	二	三	四	五
核分人		题　分	20	12	20	24	24
复查人		得　分					

得 分	评卷人	复查人

一、单项选择题（本大题共20小题，每小题1分，共20分）

在每小题列出的四个备选项中只有一个是符合题目要求的，请将其代码填写在题后的括号内。错选、多选或未选均无分。

1. 下列选项中，不属于人力资源的性质的是（　　）。

A. 实践性　　B. 能动性

C. 再生性　　D. 社会性

2. 被称为“人力资本之父”的是（　　）。

A. 韦伯　　B. 舒尔茨

C. 法约尔　　D. 泰罗

3. 下列选项中，不属于人力资源内部供给预测的方法的是（　　）。

A. 管理者继任模型　　B. 德尔菲法

C. 马尔可夫法　　D. 档案资料分析

4. 下列选项中，属于定量预测技术的是（　　）。

A. 回归预测法　　B. 经验判断法

C. 马尔可夫法　　D. 德尔菲法

5. 影响人力资源需求预测最重要的内部因素是（　　）。

A. 组织战略目标　　B. 组织产品

C. 组织预算　　D. 服务的销售预测

6. 工作分析的最终产出表现为（　　）。

A. 工作说明书　　B. 工作任务

C. 工作职责　　D. 工作描述

7. 工作中不可再继续分解的最小工作单位是（　　）。

A. 职务　　B. 任务

C. 职责　　D. 工作要素

8. 下列选项中，属于外部招聘的优点的是（　　）。

A. 速度快　　B. 提高士气

C. 减少培训投入　　D. 较快进入工作状态

9. 下列选项中，容易形成“裙带关系”的招聘方式是（　　）。

A. 员工推荐　　B. 自荐求职者

C. 校园招聘会　　D. 猎头公司

10. 下列选项中，不属于招聘遵循的原则的是（　　）。

A. 效率原则　　B. 内部优先原则

C. 公正公平原则　　D. 少而精原则

11. 员工培训需求的内容不包括（　　）。

A. 组织　　B. 环境

C. 人员　　D. 任务

12. 下列员工培训方法中，不太适用于知识和技能培训的是（　　）。

A. 工作轮换法　　B. 头脑风暴法

C. 角色扮演法　　D. 讲授法

13. 美国创造学家奥斯本 1939 年首次提出的一种激发创造性思维的方法是（　　）。

A. 讲授法　　B. 角色扮演法

C. 案例分析法　　D. 头脑风暴法

14. 律师在霍兰德人业互择理论中的人格类型属于（　　）。

A. 企业型　　B. 研究型

C. 社会型　　D. 实际型

15. 我国企业进行绩效考核时最容易出现的现象是（　　）。

A. 晕轮效应　　B. 趋中效应

C. 偏见效应　　D. 近因效应

16. 绩效考核中，最主要也是最为常见的考核主体是（　　）。

A. 同级同事　　B. 员工直接上级

C. 直属下级　　D. 员工本人

17. 绩效管理工作的起点是（　　）。

A. 绩效沟通　　B. 绩效考核

C. 绩效计划　　D. 绩效反馈

18. 薪酬中相对不变的部分是（　　）。

A. 福利　　B. 可变薪酬

C. 基本薪酬　　D. 奖金

19. 薪酬管理要遵循最低工资法，体现了薪酬管理的（　　）。

A. 合法性原则　　B. 经济性原则

C. 公平性原则　　D. 激励性原则

20. 下列选项中，属于非量化职位评价方法的是（　　）。

A. 要素计点法　　B. 排序法

C. 要素比较法　　D. 比较法

得 分	评卷人	复查人

二、名词解释题（本大题共 4 小题，每小题 3 分，共 12 分）

21. 人力资源

22. 工作轮换法

23. 职业生涯

24. 关键事件法

得 分	评卷人	复查人

三、判断改错题（本大题共5小题，每小题4分，共20分）

判断正误，在题后的括号内，正确的划上“√”，错误的划上“×”，并改正错误。

25. 俗话说：“军无财，士不来，军无赏，士不往。”给予员工必要的物质报酬和奖励是留住人才的基础。（　　）

26. 德尔菲法中的专家只能是外请的。（　　）

27. 在员工选拔中，如果测试的信度很低，那么也就意味着测试的有效性很低。（　　）

28. CIPP模型是目前最常用的培训评估方式。（　　）

29. 绩效考核标准制定的前提条件是管理者和员工之间的良好沟通。（　　）

得 分	评卷人	复查人

四、简答题（本大题共 4 小题，每小题 6 分，共 24 分）

30. 简述人力资源供大于求时需要采取的措施。

31. 简述外部招聘的方式。

32. 简述培训计划的主要内容。

33. 简述福利的影响因素。

得 分	评卷人	复查人

五、论述题（本大题共 2 小题，每小题 12 分，共 24 分）

34. 试述工作设计方法中工作轮换方法的优缺点。

35. 结合实际，论述个人职业生涯规划的影响因素。

四川省高等教育自学考试
人力资源开发与管理
考前冲刺模拟试卷（一）参考答案

（课程代码　06093）

一、单项选择题（本大题共 20 小题，每小题 1 分，共 20 分）

1. A	2. B	3. B	4. A	5. A	6. A	7. D	8. C	9. A
10. A	11. B	12. C	13. D	14. A	15. B	16. B	17. C	18. C
19. A	20. B							

二、名词解释题（本大题共 4 小题，每小题 3 分，共 12 分）

21. 人力资源是一个国家或地区能够作为生产要素投入到社会经济活动中，为社会创造物质财富和精神文化财富的劳动人口。(3 分)

22. 工作轮换法是指组织为员工在不同职能领域或单一职能领域中作出的一系列的工作任务安排。(3 分)

23. 职业生涯是指一个人一生中在不同职业岗位上工作过的所有经历。(3 分)

24. 关键事件法是指考核主体通过观察、记录被考核者的关键事件，而对被考核者进行绩效考核的方法。(3 分)

三、判断改错题（本大题共 5 小题，每小题 4 分，共 20 分）

25. 正确。(4 分)

26. 错误。(2 分) 德尔菲法中的专家既可以是外请的，也可以是组织内部的有丰富经验的管理人员或技术人员。(2 分)

27. 正确。(4 分)

28. 错误。(2 分) 柯式评估模型是目前最常用的培训评估方式。或者 CIPP 模型是一个比较完善的模型，但不是最常用的培训评估方式。(任意改正确一个均给 2 分)

29. 正确。(4 分)

四、简答题（本大题共4小题，每小题6分，共24分）

30. 答：（1）重新安置。（1分）

（2）永久性裁员。（1分）

（3）临时解雇。（1分）

（4）减少工作时间。（1分）

（5）工作分享。（1分）

（6）降低工资。（1分）

31. 答：（1）员工推荐。

（2）招聘会。

（3）职业介绍所。

（4）校园招聘会。

（5）猎头公司。

（6）网络招聘。

（7）自荐求职者。

（上述7点答任意6点便给6分）

32. 答：（1）明确培训目标、内容。（1分）

（2）确定培训对象。（1分）

（3）确定培训时间。（1分）

（4）选择培训场所。（1分）

（5）选择合适的培训者。（1分）

（6）选定培训方法和教材。（1分）

33. 答：

组织的外部因素如下：

（1）政府的法律法规。（1分）

（2）劳动力市场的标准。（1分）

（3）工会。（1分）

组织的内部因素如下：

（1）组织的战略。（1分）

（2）组织管理者的经营理念。（1分）

（3）员工偏好。（1分）

五、论述题（本大题共2小题，每小题12分，共24分）

34. 答：

优点如下：

（1）通过丰富员工工作的内容，减少员工的枯燥感，激发员工的工作积极性，提升员工的自身竞争力。（2分）

（2）可以为员工提供一个个体行为适应总体工作的适宜环境，增加员工对最终成果的认识。（2分）

（3）能扩大员工的技能范围，这样管理人员安排工作、填补职位空缺时，就具有很大的灵活性。（1分）

缺点如下：

（1）会使培训费用上升。（2分）

（2）当员工在原先的岗位上工作效率已经很高时，如果这时将其轮换到另一个工作岗位时，势必会影响到组织的现有生产力。（2分）

（3）当员工的工作环境改变以后，他就需要重新适应，调整和适应自己与周围人的关系，这需要管理人员付出更多的精力来处理这些来自人际关系方面的问题。（1分）

综合论述清楚。（2分）

35. 答：（1）进取心。（1分）

（2）自信心。（1分）

（3）自我力量感。（1分）

（4）自我认识。（1分）

（5）自我调节。（1分）

（6）情绪稳定性。（1分）

（7）社会敏感性。（1分）

（8）社会接纳性。（1分）

（9）社会影响力。（1分）

结合实际论述。（3分）

四川省高等教育自学考试
人力资源开发与管理
考前冲刺模拟试卷（二）

（课程代码　06093）

本试卷共8页，满分100分；考试时间150分钟。

总　分		题　号	一	二	三	四	五	六
核分人		题　分	20	10	15	20	15	20
复查人		得　分						

得 分	评卷人	复查人

一、单项选择题（本大题共20小题，每小题1分，共20分）

在每小题列出的四个备选项中只有一个是符合题目要求的，请将其代码填写在题后的括号内。错选、多选或未选均无分。

1. “经济人”的观点产生于（　　）。

A. 科学管理阶段　　B. 人际关系阶段

C. 行为科学阶段　　D. 人力资本管理阶段

2. 人力资源会给企业带来成本，但也是创造新价值的源泉，因此要（　　）。

A. 迎接新技术　　B. 变化管理

C. 开发人力资本　　D. 成本抑制

3. 能够作为生产要素投入到生产经济活动中，并为社会创造财富的劳动人口称为（　　）。

A. 人力资本　　B. 人力资源

C. 人口资源　　D. 劳动力资源

4. 晋升规划属于（　　）。

A. 人员补充规划　　B. 人员配置规划

C. 教育培训规划　　D. 职业生涯规划

5. 根据组织以往各类人员之间流动比率的概率来推断未来各类人员的分布，这种通过预测组织内部人员转移来预测内部人员供给的方法是（　　）。

A. 马尔可夫法　　B. 档案资料分析

C. 管理者继任模型　　D. 趋势预测法

6. 基于雇主-员工交换关系，注重短期和外部招聘，提供较少培训的人力资源战略是（　　）。

A. 诱引战略　　B. 投资战略

C. 效用型战略　　D. 累积型战略

7. 工作规范的主要内容不包括（　　）。

A. 一般条件　　B. 生理素质

C. 工作关系　　D. 心理素质

8. 工人生产零件是在完成一项（　　）。

A. 工作要素　　B. 任务

C. 职责　　D. 职务

9. 对工作流程与行为的规定，反映该项工作区别于其他工作的信息，称为（　　）。

A. 工作规范　　B. 任职资格说明书

C. 工作描述　　D. 工作说明书

10. 招聘方法中，成本最高的是（　　）。

A. 招聘会　　B. 职业介绍所

C. 猎头公司　　D. 校园招聘会

11. 面试时，面试官很容易根据应聘者的某一优点，而作出比其应得到的评价更高的评价，这种现象称为（　　）。

A. 第一印象　　B. 与我相似心理

C. 晕轮效应　　D. 对比效应

12. 以下职位中，通过猎头公司招聘最为有效的是（　　）。

A. 营销主管　　B. 打字员

C. 助理工程师　　D. 人力资源总监

13. 绩效考核要能够衡量出与员工工作绩效相关的所有方面的内容，这表明考核要有（　　）。

A. 信度　　B. 效度

C. 接受度　　D. 明确度

14. 将绩效考核的指标和标准制作成量表，据此对员工的绩效进行考核的方法是（　　）。

A. 比较法　　B. 量表法

C. 描述法　　D. 激励法

15. 企业年金属于（　　）。

A. 国家法定福利　　B. 法定社会保险

C. 组织自愿性福利　　D. 可变薪酬

16. 常用的员工培训方法中，由哈佛大学首创的一种教学和培训方法是（　　）。

A. 讲授法　　B. 案例教学法

C. 角色扮演法　　D. 工作轮换法

17. 目前最常用的培训评估方式是（　　）。

A. 绩效评估　　B. CIPP 模型

C. 柯式评估模型　　D. CIRO 模型

18. 律师这个职业代表的霍兰德人格类型是（　　）。

A. 企业型　　B. 研究型

C. 传统型　　D. 社会型

19. 人职匹配理论的提出者是（　　）。

A. 帕森斯　　B. 霍兰德

C. 施恩　　D. 萨伯

20. 奖金又称为（　　）。

A. 基本薪酬　　B. 福利

C. 间接薪酬　　D. 可变薪酬

得 分	评卷人	复查人

二、多项选择题（本大题共 5 小题，每小题 2 分，共 10 分）

在每小题列出的五个备选项中至少有两个是符合题目要求的，请将其代码填写在题后的括号内。错选、多选、少选或未选均无分。

21. 科学管理阶段代表人物有（　　）。

A. 泰罗　　B. 梅奥

C. 韦伯　　D. 法约尔

E. 舒尔茨

22. 下列属于人力资源需求预测方法的是（　　）。

A. 德尔菲法　　B. 档案资料分析

C. 趋势预测法　　D. 回归预测法

E. 管理者继任模型

23. 按培训的方式和时间进行分类，员工培训可以分为（　　）。

A. 岗前培训　　B. 在岗培训

C. 岗位培训　　D. 员工业余自学

E. 外部培训

24. 群体可变薪酬计划的形式包括（　　）。

A. 佣金计划　　B. 利润分享计划

C. 收益分享计划　　D. 一次性可变薪酬计划

E. 成功分享计划

25. 绩效管理的内容包括（　　）。

A. 绩效计划　　B. 绩效沟通

C. 绩效考核　　D. 绩效反馈

E. 绩效结果的应用

得 分	评卷人	复查人

三、名词解释题（本大题共5小题，每小题3分，共15分）

26. 培训控制

27. 工作规范

28. 经验判断法

29. 可变薪酬

30. 绩效沟通

得 分	评卷人	复查人

四、判断分析题（本大题共4小题，每小题5分，共20分）

判断正误，在题后的括号内，正确的划上"√"，错误的划上"×"，并简述理由。

31. 与人力资源的数量相比较，人力资源的质量显得更为重要。（　　）

32. 工作轮换是一种有效激励和开发员工潜力的培训方式，使员工可以深入了解各个职位的工作内容，适合于组织中所有员工。（　　）

33. 在对中高级管理人员的工作进行工作分析时，运用观察法可以获得全面的工作信息。（　　）

34. 招聘测试的效度比信度重要。（　　）

得 分	评卷人	复查人

五、简答题（本大题共 3 小题，每小题 5 分，共 15 分）

35. 简述解决人力资源供不应求的方法。

36. 简述绩效考核的衡量标准。

37. 简述薪酬管理的原则。

得 分	评卷人	复查人

六、论述题（本大题共 2 小题，每小题 10 分，共 20 分）

38. 结合实际，谈谈个人职业生涯规划的影响因素。

39. 结合实际，谈谈招聘方式的类型及主要内容。

四川省高等教育自学考试
人力资源开发与管理
考前冲刺模拟试卷（二）参考答案

（课程代码　06093）

一、单项选择题（本大题共20小题，每小题1分，共20分）

1. A	2. C	3. B	4. B	5. A	6. C	7. C	8. B	9. C
10. C	11. C	12. D	13. B	14. B	15. C	16. B	17. C	18. A
19. A	20. D							

二、多项选择题（本大题共5小题，每小题2分，共10分）

21. ACD　22. ACD　23. ABCD　24. BCE　25. ABCDE

三、名词解释题（本大题共5小题，每小题3分，共15分）

26. 培训控制是指在培训过程中不断根据目标、标准和受训者的特点，矫正培训方法、进程的各种努力。

27. 工作规范是工作分析结果的一个组成部分，主要说明从事某项特定工作的人员需要具备的基本素质和条件，规定了完成工作所需要的最低要求。

28. 经验判断法是人力资源需求的预测方法之一，是指管理人员凭借自己多年的经验，根据组织过去几年中人力资源需求状况和自己认为未来一段时间可能发生的变化来对组织的人员需求进行评估和预测。

29. 可变薪酬是指根据员工是否达到或超过某一事先确立的个体、部门、团队或整个组织的绩效标准而浮动的报酬。

30. 绩效沟通是指管理人员和员工共同工作，并分享与工作有关的信息的过程。

四、判断分析题（本大题共4小题，每小题5分，共20分）

31. 正确。（2分）随着社会生产的发展，现代科学技术对人力资源的质量提出了更高的要求。人力资源质量的重要性还体现在其内部的替代性方面。（1分）一般来说，人力资源的质量对数量的替代性较强，而数量对质量的替代性较弱，有时甚至是不能替代的。（1分）因此，人力资源开发的目的在于提高人力资源的质量，对社会经济的发展起着更大的作用。（1分）

32. 错误。（2分）在整个工作轮换的过程中，员工能够深入了解各个职位的工作内容。（1分）这种方法适用于对管理人员的培养，但不太适用于专业技术性较强的员工。（2分）

33. 错误。（2分）一般来说，现场观察法主要适用于工作过程和工作结果容易观察的工作。在实际应用中，现场观察法一般适用于标准化、周期短、以体力活动为主的工作，适用于比较简单又容易观察的工作。（2分）现场观察法不适用于中、高级管理人员的工作，因为他们工作的过程与结果都是不易被观察到的。（1分）

34. 错误。（2分）信度高并不能说明测试有效，必须要在测试效度保证的前提下，才能做出信度越高，测试结果越有效的判断。（1分）虽然应聘者在某个项目上的测试结果保持非常高的一致性，但是测试却是无效的。（1分）如果测试的信度很低，那么也就意味着测试的有效性很低。（1分）

五、简答题（本大题共3小题，每小题5分，共15分）

35. 答：（1）加班。

（2）临时雇佣。

（3）外包。

（4）加强内部流动。

（5）降低员工流失率。

（6）外部雇佣新人。

（7）技术创新。

只要答到五点即给全分。

36. 答：（1）战略一致性。（1分）

（2）信度。（1分）

（3）效度。（1分）

（4）接受度。（1分）

（5）明确度。（1分）

37. 答：(1) 公平性原则。(1分)

(2) 激励性原则。(1分)

(3) 竞争性原则。(1分)

(4) 经济性原则。(1分)

(5) 合法性原则。(1分)

六、论述题（本大题共2小题，每小题10分，共20分）

38. 答：(1) 进取心。(1分)

(2) 自信心。(1分)

(3) 自我力量感。(1分)

(4) 自我认识和自我调节。(1分)

(5) 情绪稳定性。(1分)

(6) 社会敏感性。(1分)

(7) 社会接纳性。(1分)

(8) 社会影响力。(1分)

结合实际，展开论述。(2分)

39. 一般来说，组织的用人需求可以通过外部招聘和内部选择两种方案来得到满足。(1分)

(1) 内部选拔：

①内部提升。(1分)

②内部调用。(1分)

(2) 外部招聘：

①员工推荐。(1分)

②招聘会。(1分)

③职业介绍所。(1分)

④校园招聘会。(1分)

⑤猎头公司。(1分)

⑥网络招聘。(1分)

⑦自荐求职者。(1分)

结合实际，展开论述。(1分)

四川省高等教育自学考试
人力资源开发与管理
考前冲刺模拟试卷（三）

（课程代码　06093）

本试卷共8页，满分100分；考试时间150分钟。

总　分		题　号	一	二	三	四	五	六
核分人		题　分	20	10	15	20	15	20
复查人		得　分						

得 分	评卷人	复查人

一、单项选择题（本大题共20小题，每小题1分，共20分）

在每小题列出的四个备选项中只有一个是符合题目要求的，请将其代码填写在题后的括号内。错选、多选或未选均无分。

1. 最为活跃、涉及面最广、影响最为深远的资源是（　　）。

A. 自然资源　　B. 人力资源

C. 信息资源　　D. 资金资源

2. 在现代人力资源管理中，被称为“管理过程之父”的是（　　）。

A. 法约尔　　B. 泰勒

C. 韦伯　　D. 梅奥

3. 影响人力资源需求预测的内部因素中最重要的是（　　）。

A. 组织产品　　B. 组织的战略目标

C. 组织的预算　　D. 组织文化

4. 当人力资源供不应求时，最为直接且人员上手时间较短的方法是（　　）。

A. 内部流动　　B. 加班

C. 提高效率　　D. 返聘退休人员

5. 美国文化受新教伦理的影响，强调一种人定胜天的精神，于是在早期汽车生产中就形成了大批量的生产方式。这属于外部环境中的（　　）。

A. 政治法律环境　　B. 社会文化环境

C. 经济环境　　D. 科学技术环境

6. 工作分析的出发点是（　　）。

A. 职务　　B. 职类

C. 职位　　D. 职责

7. 收发室工作人员签收信件时的签字工作是（　　）。

A. 任务　　B. 职责

C. 工作要素　　D. 职位

8. 当前企业招聘高级人才的常见方式是（　　）。

A. 招聘会　　B. 职业介绍所

C. 猎头公司　　D. 网络招聘

9. 组织必须严把人员招聘关，宁可不招或缓招，也不要招入不合格人员。这体现招聘遵循（　　）。

A. 少而精原则　　B. 宁缺毋滥原则

C. 公平公正原则　　D. 内部优先原则

10. 使用最为普遍的传统培训方法是（　　）。

A. 案例教学法　　B. 讲授法

C. 角色扮演法　　D. 工作轮换法

11. 提出“人职匹配理论”的学者是（　　）。

A. 金兹伯格　　B. 萨伯

C. 帕森斯　　D. 霍兰德

12. 诗人在霍兰德的六种人格类型中更倾向于（　　）。

A. 研究型　　B. 艺术型

C. 社会型　　D. 企业型

13. 一个人事业成功的心理基石是（　　）。

A. 进取心　　B. 自信心

C. 自我力量感　　D. 自我认识

14. 整个绩效管理工作的起点是（　　）。

A. 绩效沟通　　B. 绩效考核

C. 绩效计划　　D. 绩效反馈

15. 绩效考核主体中，最主要也是最常见的考核主体是（　　）。

A. 同级同事　　B. 直属下级

C. 员工本人　　D. 员工的直接上级

16. 绩效考核中最简单的评价方法是（　　）。

A. 量表法　　B. 比较法

C. 描述法　　D. 关键事件法

17. 薪酬中相对不变的构成部分是（　　）。

A. 绩效薪酬　　B. 福利

C. 基本薪酬　　D. 加班加点工资

18. 我国养老保险体系的第二支柱是（　　）。

A. 基本养老保险　　B. 企业年金

C. 商业保险　　D. 人寿保险

19. 整个人力资源活动的基础和起点是（　　）。

A. 人力资源规划　　B. 人员招聘

C. 人员测评　　D. 员工培训

20. 适用于对管理人员的培养，不太适用于专业技术较强的员工的培训方法是（　　）。

A. 角色扮演法　　B. 观察法

C. 问卷法　　D. 工作轮换法

得 分	评卷人	复查人

二、填空题（本大题共5小题，每小题2分，共10分）请在题中横线处填上正确答案，错填、不填均无分。

21. 波特的三种企业竞争战略是指成本领先战略、__________战略、__________战略。

22. 员工培训可以按不同标准划分类别，如果按照培训方式及培训时间划分，员工培训可分为在职培训、__________培训、__________培训以及员工业余自学。

23. 萨伯认为一个人的职业生涯分为以下五个阶段，分别是成长阶段、探索阶段、__________阶段、__________阶段、下降阶段。

24. 薪酬的公平性包括三个层次，即外部公平性、__________公平性和__________公平性。

25. 工作说明书包括工作__________和工作__________。

得 分	评卷人	复查人

三、判断改错题（本大题共 5 小题，每小题 4 分，共 20 分）

判断下列各题划线处的正误，在题后的括号内，正确的划上“√”；错误的划上“×”，并改正错误。

26. 德尔菲法可以有效地避免专家之间由于名誉和地位而造成的对他人的影响，因此能充分表达专家本人的意见，<u>结果较为客观</u>，操作比较简单。 (　　)

27. 在员工选拔测试中，信度高<u>就说明</u>测试有效。 (　　)

28. 职业生涯是一个<u>动态</u>的过程。 (　　)

29. 绩效考核要能够衡量出与员工工作绩效相关的所有方面的内容，才算是有效的。（　　）

30. 科学管理理论阶段，人被看成“社会人”。（　　）

得 分	评卷人	复查人

四、简答题（本大题共5小题，每小题6分，共30分）

31. 简述现代人力资源开发与管理面临的挑战。

32. 简述内部招聘的优缺点。

33. 简述员工培训的作用。

34. 简述绩效考核中存在的问题。

35. 简述职业生涯的意义。

得 分	评卷人	复查人

五、论述题（本大题共 2 小题，每小题 10 分，共 20 分）

36. 结合实际，谈谈工作轮换及其优缺点。

37. 结合实际，谈谈员工福利存在的问题及福利项目的优化设计。

四川省高等教育自学考试
人力资源开发与管理
考前冲刺模拟试卷（三）参考答案

（课程代码　06093）

一、单项选择题（本大题共20小题，每小题1分，共20分）

1. B　2. A　3. B　4. D　5. B　6. C　7. C　8. C　9. B
10. B　11. C　12. B　13. A　14. C　15. D　16. B　17. C　18. B
19. A　20. D

二、填空题（本大题共5小题，每小题2分，共10分）

21. 差异化、专一化
22. 岗前、岗外（或职外）
23. 确立、维持
24. 内部、个人
25. 描述、规范

三、判断改错题（本大题共5小题，每小题4分，共20分）

26. 正确。（4分）
27. 错误。（2分）并不说明。（2分）
28. 正确。（4分）
29. 正确。（4分）
30. 错误。（2分）经济人。（2分）

四、简答题（本大题共5小题，每小题6分，共30分）

31. 答：（1）全球化。（1分）
（2）迎接新技术。（1分）
（3）变化管理。（1分）

（4）开发人力资本。（1分）

（5）成本抑制。（2分）

32. 答：

优点如下：

（1）可以提高士气。（1分）

（2）组织与被录用人员相互了解。（1分）

（3）内部招聘速度快、成本低。（1分）

缺点如下：

（1）造成组织内部近亲繁殖。（1分）

（2）可能导致组织内部不和。（1分）

（3）会使员工被放在一个不能胜任的位置。（1分）

33. 答：（1）适应环境的变化。（1.5分）

（2）提高工作绩效。（1.5分）

（3）提高员工的满足感和安全水平，满足他们的自身发展需要。（1.5分）

（4）营造优秀的组织文化。（1.5分）

34. 答：（1）绩效考核标准不明确。（2分）

（2）晕轮效应。（1分）

（3）趋中效应。（1分）

（4）近因效应。（1分）

（5）偏见效应。（1分）

35. 答：（1）提高员工职业能力，促进员工成长。（2分）

（2）调动员工积极性，促进组织发展。（2分）

（3）为社会培养人才，促进社会进步。（2分）

五、论述题（本大题共2小题，每小题10分，共20分）

36. 答：工作轮换是指为减轻对工作的厌烦感而把员工从一个岗位换到另一个岗位。（2分）

（1）工作轮换的优点如下：

①通过丰富员工工作的内容，减少员工的枯燥感，激发员工的工作积极性，提升员工的自身竞争力。（1分）

②可以为员工提供一个个体行为适应总体工作的适宜环境，增加员工对自己

的最终成果的认识。(1 分)

③能够扩大员工的技能范围，这样管理人员在安排工作、填补职位空缺时就具有很大的灵活性。(1 分)

（2）工作轮换的缺点如下：

①工作轮换会使培训费用上升。(1 分)

②当员工在原先的岗位上工作效率已经很高时，如果这时将其轮换到另一个工作岗位上，势必会影响到组织的现有生产力。(1 分)

③当员工的工作环境改变以后，他就需要重新适应，调整和适应自己与周围人的关系，这需要管理人员付出更多的精力来处理这些来自人际关系方面的问题。(1 分)

结合实际论述。(2 分)

37. 答：（1）福利存在的问题分析。

①福利成本高，增长快。(1 分)

②福利的有效性低。(1 分)

③福利制度针对性和灵活性低。(1 分)

④组织和员工对福利的认识混乱。(1 分)

（2）福利项目的优化设计。

①优化福利项目，严格控制福利成本。(1 分)

②实行弹性福利计划。(1 分）这包括附加型弹性计划、核心加选择型弹性计划、支用账户式弹性福利、福利“套餐”、选择型弹性福利。(2 分)

结合实际论述。(2 分)

第四编
近年自考试题汇编

四川省2018年1月高等教育自学考试
人力资源开发与管理试卷

（课程代码　06093）

注意事项：

1. 本试卷分为两部分，第一部分为选择题，第二部分为非选择题。

2. 应考者必须按试题顺序在答题卡指定位置上作答，答在试卷上无效。

3. 涂写部分、画图部分必须使用2B铅笔，书写部分必须使用黑色字迹签字笔。

第一部分　选择题

一、单项选择题：本大题共20小题，每小题1分，共20分。在每小题列出的备选项中只有一项是最符合题目要求的，请将其选出。

1. 以人际关系为出发点的人力资源管理阶段是（　　）。

A. 产业革命阶段　　B. 科学管理阶段

C. 行为科学阶段　　D. 人力资本管理阶段

2. “管理过程理论之父”是（　　）。

A. 法约尔　　B. 泰勒

C. 韦伯　　D. 梅奥

3. 20世纪40年代末在美国兰德公司的“思想库”中发展出来的一种定性预测技术是（　　）。

A. 经验判断法　　B. 趋势预测法

C. 德尔菲法　　D. 回归预测法

4. 人力资源战略相关的外部环境包括（　　）。

A. 组织所处的行业环境　　B. 现有组织的人力资源状况

C. 组织战略　　D. 组织文化

5. 人力资源战略的特征不包括（　　）。

A. 总括性　　B. 指导性

C. 整体性　　D. 民主性

6. 围绕一个具体目的而需要完成的工作是指（　　）。

A. 任务　　B. 职责

C. 工作要素　　D. 职位

7. 工作分析的出发点是（　　）。

A. 职位　　B. 职责

C. 职系　　D. 职务

8. 工作设计的基本原则不包括（　　）。

A. 效率原则　　B. 工作生活质量原则

C. 系统化设计原则　　D. 公平原则

9. 招聘计划制订的基础是（　　）。

A. 人力资源预测　　B. 人力资源战略

C. 工作分析　　D. 人力资源规划

10. 当前企业招聘高级人才的一种常见方式是（　　）。

A. 网络招聘　　B. 职业介绍所

C. 猎头公司　　D. 员工推荐

11. 下列选项中，属于 CIPP 模型内容的是（　　）。

A. 学习评估　　B. 反应评估

C. 行为评估　　D. 结果评估

12. 使用最为普遍的员工培训方法是（　　）。

A. 案例教学法　　B. 角色扮演法

C. 讲授法　　D. 头脑风暴法

13. 下列选项中，不属于培训需求特点的是（　　）。

A. 指导性　　B. 实效性

C. 前瞻性　　D. 多元性

14. 飞行员在霍兰德人业互择理论中的人格类型属于（　　）。

A. 实际型　　B. 研究型

C. 企业型　　D. 社会型

15. 职业生涯周期理论中，职业生涯的核心阶段是（　　）。

A. 成长阶段　　B. 维持阶段

C. 确立阶段　　D. 探索阶段

16. 个人职业生涯规划的影响因素不包括（　　）。

A. 自我认识　　B. 情绪稳定性

C. 自我调节　　D. 教育背景

17. 绩效考核中，最主要也是最为常见的考核主体是（　　）。

A. 同级同事　　B. 员工直接上级

C. 直属下级　　D. 员工本人

18. 下列选项中，不属于个人可变薪酬计划的是（　　）。

A. 利润分享计划　　B. 计件计划

C. 一次性可变薪酬计划　　D. 佣金计划

19. 间接薪酬又称为（　　）。

A. 企业年金　　B. 福利

C. 浮动薪酬　　D. 奖金

20. 同一组织内部不同职位或不同技能等级所获得的薪酬之间的相互关系指的是（　　）。

A. 薪酬水平　　B. 薪酬体系

C. 薪酬结构　　D. 薪酬形式

第二部分　非选择题

二、名词解释题：本大题共 4 小题，每小题 3 分，共 12 分。

21. 工作规范

22. 员工培训

23. 人职匹配理论

24. 绩效考核

三、判断改错题：本大题共 5 小题，每小题 4 分，共 20 分。判断下列各题的正误，在“答题卡”的试题序号后，正确的划上“√”；错误的划上“×”，并改正错误。

25. 战术性人力资源规划具有全局性和长远性，常常是人力资源战略的表现形式。（ ）

26. 观察法主要适用于对工作过程和工作结果比较简单又容易观察的工作进行工作分析。（ ）

27. 工作轮换法不太适用于专业技术性较强的员工培训。（ ）

28. 霍兰德人业互择理论认为职业选择是个人人格的反映和延伸，人格类型与职业类型的对应关系是绝对的。（ ）

29. 绩效管理过程中耗时最长也是最为重要的环节是绩效沟通。　　（　　）

四、简答题： 本大题共 4 小题，每小题 6 分，共 24 分。

30. 简述人力资源管理的特点。

31. 简述人力资源供不应求时的调整方法。

32. 简述培训需求分析的方法。

33. 简述绩效管理的原则。

五、论述题：本大题共 2 小题，每小题 12 分，共 24 分。

34. 试述面试中常见的问题及处理方法。

35. 试述福利的影响因素。

四川省2018年1月高等教育自学考试
人力资源开发与管理试卷
参考答案

（课程代码 06093）

一、单项选择题（本大题共20小题，每小题1分，共20分）

1. C 2. A 3. C 4. A 5. C 6. A 7. A 8. D 9. C
10. C 11. B 12. C 13. B 14. A 15. C 16. D 17. B 18. A
19. B 20. C

二、名词解释题（本大题共4小题，每小题3分，共12分）

21. 工作规范又称为任职资格说明书，它是工作分析结果的一个组成部分，主要说明从事某项特定工作的人员需要具备的基本素质和条件，它规定了完成工作所需要的最低要求。（3分）

22. 员工培训是指组织为使员工获得或改进与工作有关的知识、技能、动机、态度和行为，以利于提高员工的绩效以及员工对组织目标的贡献所做的各种努力。（3分）

23. 人职匹配理论是指每个人都有自己独特的人格模式，每种人格模式都能找到与其适应的职业类型，就是人与职业相匹配，即寻找与自己特性相一致的职业。（3分）

24. 绩效考核是指按照事先确定的工作目标及其衡量标准，评价员工在实际完成既定工作目标以及克服遇到的问题的程序。（3分）

三、判断改错题（本大题共5小题，每小题4分，共20分）

25. 错误。（2分）战略性人力资源规划具有全局性和长远性，常常是人力资源战略的表现形式。（2分）

26. 正确。（4分）

27. 正确。（4分）

28. 错误。(2 分) 霍兰德人业互择理论认为职业选择是个人人格的反映和延伸，人格类型与职业类型的对应关系并非是绝对的。(2 分)

29. 错误。(2) 耗时最长和最为重要的是绩效考核。(2 分)

四、简答题（本大题共 4 小题，每小题 6 分，共 24 分）

30. 答：(1) 综合性。(1.5 分)

(2) 实践性。(1.5 分)

(3) 整体性。(1.5 分)

(4) 社会性。(1.5 分)

31. 答：(1) 外部雇佣。(1 分)

(2) 提高现有员工的效率。(1 分)

(3) 加班。(1 分)

(4) 降低员工流失率。(1 分)

(5) 加强内部流动。(1 分)

(6) 临时雇佣或技术创新。(答出其中一点即给 1 分)

32. 答：(1) 观察法。(1 分)

(2) 问卷调查。(1 分)

(3) 面谈。(1 分)

(4) 工作考核。(1 分)

(5) 人事记录分析。(1 分)

(6) 多因素分析法。(1 分)

33. 答：(1) 公开性和民主性原则。(1 分)

(2) 全面性原则。(1 分)

(3) 差别性原则。(1 分)

(4) 持续性原则。(1 分)

(5) 关联性原则。(1 分)

(6) 及时反馈原则。(1 分)

五、论述题（本大题共 2 小题，每小题 12 分，共 24 分）

34. 答：

常见问题如下：

（1）晕轮效应。（1分）因为应聘者的某些突出特征或品质而将其扩展为应聘者的整体印象和看法，其他特征被掩盖或忽视。（1分）

（2）与自我相似心理。（1分）主考官因为面试过程中知晓应聘者的某种背景或经历与自己有所相似，而对其产生好感的一种心理活动。（1分）

（3）第一印象。（1分）主考官见到应聘者的第一感觉。（1分）

处理方法如下：

（1）以面试为中心。（1分）

（2）注意倾听。（1分）

（3）注意观察应聘者的非语言行为。（1分）

（4）对面试过程中的对象一视同仁。（1分）

综合论述清楚。（2分）

35. 答：

组织的外部因素如下：

（1）政府的法律法规。（1分）在制订福利计划时应遵循当地政府的规定。（1分）

（2）劳动力市场的标准。（1分）为了保证组织薪酬制度在劳动力市场上的竞争力，从而吸引和留住优秀人才，组织必须考虑劳动力市场的平均福利水平。（1分）

（3）工会。福利是工会的关键性指标，因此制订福利计划时要考虑工会的影响。（1分）

组织的内部因素如下：

（1）组织的战略。（1分）不同的组织战略要求不同的福利制度与其相匹配。（1分）

（2）组织管理者的经营理念。（1分）管理者的认为人是劳动成本，福利水平一般较低；管理者认为人是资源，福利项目一般较为丰富。（1分）

（3）员工偏好。不同的人，由于年龄、收入和家庭等方面的原因，其需求是不一样的。（1分）

综合论述清楚。（2分）

四川省2018年4月高等教育自学考试
人力资源开发与管理试卷

（课程代码　06093）

注意事项：

1. 本试卷分为两部分，第一部分为选择题，第二部分为非选择题。

2. 应考者必须按试题顺序在答题卡指定位置上作答，答在试卷上无效。

3. 涂写部分、画图部分必须使用2B铅笔，书写部分必须使用黑色字迹签字笔。

第一部分　选择题

一、单项选择题：本大题共20小题，每小题1分，共20分。在每小题列出的备选项中只有一项是最符合题目要求的，请将其选出。

1. 世界上最为重要的资源是（　　）。

A. 自然资源　　B. 人力资源

C. 信息资源　　D. 资金

2. 在现代管理阶段中，以人际关系为出发点的时期是（　　）。

A. 产业革命阶段　　B. 行为科学阶段

C. 科学管理阶段　　D. 人力资本管理阶段

3. 解决人力资源供大于求最直接的方式是（　　）。

A. 永久性裁员　　B. 重新安置

C. 加班　　D. 外部雇佣

4. 20 世纪 40 年代末在美国兰德公司的“思想库”中发展出来的一种定性预测技术是（　　）。

A. 趋势预测法　　B. 德尔菲法

C. 回归预测法　　D. 经验判断法

5. 工作中不可再继续分解的最小动作单位是（　　）。

A. 任务　　B. 工作要素

C. 职责　　D. 职位

6. 增加工作的深度是指（　　）。

A. 工作丰富化　　B. 工作扩大化

C. 工作专业化　　D. 工作轮换

7. 通过一系列科学方法来鉴定应聘者具有的能力与性格特征，以确定其是否具备完成工作的能力与素质的招聘环节是（　　）。

A. 简历筛选　　B. 员工测试

C. 背景调查　　D. 体检

8. 下列选项中，属于外部招聘优点的是（　　）。

A. 提高士气　　B. 速度快

C. 为组织补充新鲜血液　　D. 成本低

9. 组织为员工在不同职能领域或单一的职能领域中作出的一系列的工作任务安排属于（　　）。

A. 角色扮演法　　B. 工作轮换法

C. 头脑风暴法　　D. 讲授法

10. 在培训效果评估方法中，真正将评估活动介入培训的整个过程，属于比较完善的评估方法的是（　　）。

A. 柯式评估模型　　B. CIPP 模型

C. 问卷法　　D. 测试法

11. 人职匹配理论的提出者是（　　）。

A. 帕森斯　　B. 霍兰德

C. 泰勒　　D. 法约尔

12. 木工在霍兰德的六种人格类型中最有可能属于（　　）。

A. 研究型　　B. 实际型

C. 社会型　　D. 传统型

13. 整个绩效管理过程中耗时最长也是最为重要的一个环节是（　　）。

A. 绩效反馈　　B. 绩效沟通

C. 绩效计划　　D. 绩效考核

14. 对于组织来说，绩效考核工作不是只进行一次就可以一劳永逸的，而是要遵循（　　）。

A. 差别性原则　　B. 公正原则

C. 持续性原则　　D. 关联性原则

15. 最适用于评选最佳员工，能够有效地避免集中化趋向的绩效考核方法是（　　）。

A. 交替排序法　　B. 简单排序法

C. 配对比较法　　D. 强制分配法

16. 奖金是（　　）。

A. 基本薪酬　　B. 可变薪酬

C. 福利　　D. 间接薪酬

17. 最早也是最简单的职位评价方法是（　　）。

A. 交替排序法　　B. 配对比较排序法

C. 简单排序法　　D. 分类法

18. 运用最为广泛的可变薪酬计划是（　　）。

A. 差额计件计划　　B. 计时计划

C. 佣金计划　　D. 直接计件计划

19. 到高等院校攻读学位、出国进修以及参加短训班、研讨会或去国外学习考察属于（　　）。

A. 岗外培训　　B. 在岗培训

C. 岗前培训　　D. 员工业余自学

20. 培训计划的心理来源之一是实现准确的（　　）。

A. 工作考核　　B. 面谈

C. 人事记录分析　　D. 观察

第二部分　非选择题

二、填空题：本大题共5小题，每小题2分，共10分。

21. 美国康奈尔大学的戴尔和霍德从控制的角度提出三种人力资源战略，即诱引战略、__________战略、__________战略。

22. 岗位又称__________，它是指某个工作周期内个人承担的一项或数项相互联系的__________的集合。

23. 一个人的职业生涯分为以下五个阶段：成长阶段、__________阶段、确立阶段、维持阶段、__________阶段。

24. 一般情况下，绩效考核主体在以下五类人中进行选择，即员工的直接上级、__________、__________、员工本人和客户。

25. 法定社会保险主要包括养老保险、医疗保险、__________、__________和生育保险五大保险。

三、判断改错题：本大题共5小题，每小题4分，共20分。判断下列各题划线处的正误，在"答题卡"的试题序号后，正确的划上"√"；错误的划上"×"，并改正错误。

26. 在对人力资源规划进行评估时，评估审核的人员可以是规划制定者的上级或同级，<u>也可以是</u>规划执行者本人或其下属。　（　　）

27. 职位与从事该项工作的人员是一一对应的，有多少职位就有多少工作人员。（　）

28. 培训方法中，角色扮演法注重受训者的情境体验，适用于知识和技能的培训。（　）

29. 个人的成功在于组织的扶持。个人只有加入一定的组织，利用各种“关系”才能从事某项职业工作，也才能使个人的职业才能得到发挥。（　）

30. 在实践中，群体薪酬计划最好还是要辅以对个人绩效的考察，奖金在个人之间的分配，并不一定要绝对平均，适当考虑个人绩效效果会更好。（　）

四、简答题：本大题共 5 小题，每小题 6 分，共 30 分。

31. 简述人力资源的性质。

32. 简述培训计划的主要内容。

33. 简述职业生涯的影响因素。

34. 简述薪酬管理的原则。

35. 简述影响人力资源战略的外部因素。

五、论述题： 本大题共 2 小题，每小题 10 分，共 20 分。

36. 结合实际，谈谈面试中常见的问题及提高面试效果的方法。

37. 结合实际，谈谈绩效考核中存在的问题以及如何防范。

四川省2018年4月高等教育自学考试
人力资源开发与管理试卷
参考答案

（课程代码　06093）

一、单项选择题（本大题共20小题，每小题1分，共20分）

1. B　2. B　3. A　4. B　5. B　6. A　7. B　8. C　9. B
10. B　11. A　12. B　13. D　14. C　15. C　16. B　17. C　18. D
19. A　20. A

二、填空题（本大题共5小题，每小题2分，共10分）

21. 投资、参与
22. 职位、职责
23. 探索、下降
24. 同级同事、直属下级
25. 工伤保险、失业保险

三、判断改错题（本大题共5小题，每小题4分，共20分）

26. 错误。（2分）不能是。（2分）
27. 正确。（4分）
28. 错误。（2分）不适用。（2分）
29. 正确。（4分）
30. 正确。（4分）

四、简答题（本大题共5小题，每小题6分，共30分）

31. 答：（1）生命周期性。（2分）

（2）能动性。（1分）

（3）再生性。（1分）

（4）增值性。（1 分）

（5）社会性。（1 分）

32. 答：（1）明确培训目标、内容。（1 分）

（2）确定培训对象。（1 分）

（3）确定培训时间。（1 分）

（4）选择培训场所。（1 分）

（5）选择合适的培训者。（1 分）

（6）选定培训方法和教材。（1 分）

33. 答：（1）教育背景。（1 分）

（2）家庭影响。（1 分）

（3）个人需求与心理动机。（2 分）

（4）机会。（1 分）

（5）社会环境。（1 分）

34. 答：（1）公平性原则。

（2）激励性原则。

（3）竞争性原则。

（4）经济性原则。

（5）合法性原则。

5 个原则全部答对给 6 分，错一个扣 2 分，错两个扣 3 分，错三个扣 4 分，错四个扣 5 分。

35. 答：（1）政治法律环境。（1 分）

（2）社会文化环境。（1 分）

（3）经济环境。（1 分）

（4）科学技术环境。（1 分）

（5）人口环境。（1 分）

（6）行业环境。（1 分）

五、论述题（本大题共 2 小题，每小题 10 分，共 20 分）

36. 答：

面试中常见的问题如下：

（1）晕轮效应。（1 分）

（2）与我相似心理。（1分）

（3）第一印象。（1分）

提高面试效果的方法如下：

（1）以面试目的为中心。（1分）

（2）注意倾听。（1分）

（3）注意观察应聘者的非语言行为。（1分）

（4）对面试过程中的对象一视同仁。（1分）

结合实际论述。（3分）

37. 答：

绩效考核中存在的问题如下：

（1）绩效考核标准不明确。（1分）

（2）晕轮效应。（1分）

（3）趋中效应。（1分）

（4）近因效应。（1分）

（5）偏见效应。（1分）

防范措施如下：

（1）使用一些描述性的语句对绩效考核标准进行界定，使得考核主体更明确地了解考核标准，使考核更符合实际（1分）。

（2）对管理人员加强培训的同时采用先进的绩效考核方法（1分）。

（3）增加考核主体的人数（1分）。

结合实际论述。（2分）

四川省2019年4月高等教育自学考试
人力资源开发与管理试卷

（课程代码　06093）

注意事项：

1. 本试卷分为两部分，第一部分为选择题，第二部分为非选择题。

2. 应考者必须按试题顺序在答题卡指定位置上作答，答在试卷上无效。

3. 涂写部分、画图部分必须使用2B铅笔，书写部分必须使用黑色字迹签字笔。

第一部分　选择题

一、单项选择题： 本大题共20小题，每小题1分，共20分。在每小题列出的备选项中只有一项是最符合题目要求的，请将其选出。

1. 世界上最为重要的资源的是（　　）。

A. 自然资源　　B. 人力资源
C. 信息资源　　D. 资本

2. 被称为“人力资本之父”的是（　　）。

A. 泰勒　　B. 亚当斯
C. 梅奥　　D. 舒尔茨

3. 人力资源开发与管理的首要环节是（　　）。

A. 选人　　B. 育人
C. 用人　　D. 留人

4. 20 世纪 40 年代末在美国兰德公司的“思想库”中发展出来的一种定性预测技术是（　　）。

A. 趋势预测法　　B. 德尔菲法

C. 回归预测法　　D. 经验判断法

5. 解决人力资源供大于求最直接的方式是（　　）。

A. 永久性裁员　　B. 重新安置

C. 加班　　D. 外部雇佣

6. 增加工作的深度是指（　　）。

A. 工作丰富化　　B. 工作扩大化

C. 工作专业化　　D. 工作轮换

7. 通过一些科学方法来鉴定应聘者所具有的能力与性格特征，以确定其是否具备完成工作的能力与素质是指（　　）。

A. 简历筛选　　B. 员工测试

C. 背景调查　　D. 体检

8. 随着信息技术与互联网技术发展起来的一种新型招聘方式是（　　）。

A. 猎头公司　　B. 招聘会

C. 网络招聘　　D. 职业介绍所

9. 哈佛大学首创的一种互动式教学和培训方法是（　　）。

A. 讲授法　　B. 案例教学法

C. 角色扮演法　　D. 工作轮换法

10. 职业生涯的核心阶段是（　　）。

A. 成长阶段　　B. 确立阶段

C. 探索阶段　　D. 维持阶段

11. 在霍兰德六种人格类型图中，临床心理学家最有可能的人格类型是（　　）。

A. 社会型　　B. 实际型

C. 研究型　　D. 传统型

12. 人职匹配理论的提出者是（　　）。

A. 施恩　　B. 帕森斯

C. 亚当斯　　D. 奥斯本

13. 下列选项中，不属于培训需求的特点的是（　　）。

A. 培训需求分析的主体具有单一性

B. 培训需求分析的客体具有多层次性

C. 培训需求分析的方法具有多样性

D. 培训需求分析的对象具有广泛性

14. 一般而言，培训课程设计的要素不包括（　　）。

A. 课程目标　　B. 课程内容

C. 培训者　　D. 课程时间

15. 整个绩效管理过程中耗时最长也是最为重要的一个环节是（　　）。

A. 绩效计划　　B. 绩效评估

C. 绩效考核　　D. 绩效改进

16. 考核系统的一致性和稳定性是指（　　）。

A. 绩效考核的效度　　B. 绩效考核的信度

C. 绩效考核的可接受度　　D. 绩效考核的明确度

17. 适用范围窄，只适合考核同类职务的员工，评价过程主观性较强的绩效考核方法是（　　）。

A. 交替排序法　　B. 配对比较法

C. 强制分配法　　D. 简单排序法

18. 带薪年休假属于（　　）。

A. 国家法定福利　　B. 法定社会保险

C. 组织自愿性福利　　D. 员工服务

19. 成功分享计划属于（　　）。

A. 个人可变薪酬计划　　B. 群体可变薪酬计划

C. 短期可变薪酬计划　　D. 长期可变薪酬计划

20. 薪酬水平的制定一定要考虑本组织的实际支付能力，尽量控制成本，遵循的原则是（　　）。

A. 公平性原则　　B. 激励性原则

C. 竞争性原则　　D. 经济性原则

第二部分　非选择题

二、填空题：本大题共 5 小题，每小题 2 分，共 10 分。

21. 美国康奈尔大学的戴尔和霍德从控制的角度提出三种人力资源战略，即诱引战略、__________战略、__________战略。

22. 岗位又称__________，它是指某个工作周期内个人承担的一项或数项相互联系的__________的集合。

23. 员工培训可以按不同标准划分类别，如果按照培训方式及培训时间分类，可分为在职培训、__________、岗外培训、__________。

24. 绩效会因为时间、工作环境、工作任务等因素的变化而发生相应的改变，呈现出明显的多因性、__________和__________。

25. 薪酬的公平性一般分为三个层次：外部公平性、__________公平性和__________公平性。

三、判断改错题：本大题共 5 小题，每小题 4 分，共 20 分。判断下列各题划线处的正误，在“答题卡”的试题序号后，正确的划上“√”；错误的划上“×”，并改正错误。

26. 在对人力资源规划进行评估时，评估审核的人员可以是规划制定者的上级或同级，<u>也可以是</u>规划执行者本人或其下属。　　（　　）

27. 职位与从事该项工作的人员是<u>一一</u>对应的，有多少职位就有多少工作人员。　　（　　）

28. 招聘时必须选拔应聘者中最优秀的人。　（　）

29. 霍兰德的人业互择理论认为：只有当一个人选择的职业环境恰好与他的人格类型相重合时，才算是找到了最适合自己的职业。　（　）

30. 员工的绩效不是固定不变的，仅仅是对一段时间内工作内容的反映。　（　）

四、简答题：本大题共5小题，每小题6分，共30分。

31. 简述现代人力资源开发与管理面临的挑战。

32. 简述解决人力资源供不应求的方法。

33. 简述培训需求分析的方法。

34. 简述职业生涯管理的影响因素。

35. 简述员工福利的影响因素。

五、论述题： 本大题共2小题，每小题10分，共20分。

36. 试述面试中常见的问题及提高面试效果的方法。

37. 试述绩效考核中存在的问题以及防范措施。

四川省2019年4月高等教育自学考试
人力资源开发与管理试卷
参考答案

（课程代码　06093）

一、单项选择题（本大题共20小题，每小题1分，共20分）

1. B　2. D　3. A　4. B　5. A　6. A　7. B　8. C　9. B
10. B　11. A　12. B　13. A　14. C　15. C　16. B　17. D　18. A
19. B　20. D

二、填空题（本大题共5小题，每小题2分，共10分）

21. 投资、参与
22. 职位、职责
23. 岗前培训、员工业余自学
24. 多维性、动态性
25. 内部、个人

三、判断改错题（本大题共5小题，每小题4分，共20分）

26. 错误。（2分）进行评估审核的人员可以是规划制定者的上级或同级，但不能是规划执行者本人或其下属。（2分）

27. 正确。（4分）

28. 错误。（2分）招聘时选择最合适的人。（2分）

29. 正确。（4分）

30. 正确。（4分）

四、简答题（本大题共5小题，每小题6分，共30分）

31. 答：（1）全球化。（1分）

（2）迎接新技术。（1分）

（3）变化管理。（1分）

（4）开发人力资本。（1.5分）

（5）成本抑制。（1.5分）

32. 答：（1）外部雇佣。（1分）

（2）提高现有员工的效率。（1分）

（3）加班。（1分）

（4）降低员工流失率。（1分）

（5）加强内部流动。（1分）

（6）技术创新或外包。（答出任意一点即给1分）

33. 答：（1）观察法。（1分）

（2）问卷调查。（1分）

（3）面谈。（1分）

（4）工作考核。（1分）

（5）人事记录分析。（1分）

（6）多因素分析法。（1分）

34. 答：（1）教育背景。（1分）

（2）家庭影响。（1分）

（3）个人需求与心理动机。（2分）

（4）机会。（1分）

（5）社会环境。（1分）

35. 答：

外部因素如下：

（1）政府的法律法规。（1分）

（2）劳动力市场的标准。（1分）

（3）工会。（1分）

内部因素如下：

（1）组织的战略。（1分）

（2）组织管理者的经营理念。（1分）

（3）员工偏好。（1分）

五、论述题（本大题共2小题，每小题10分，共20分）

36. 答：

面试中常见的问题如下：

（1）晕轮效应。(1分)

（2）与我相似心理。(1分)

（3）第一印象。(1分)

方法如下：

（1）以面试目的为中心。(1分)

（2）注意倾听。(1分)

（3）注意观察应聘者的非语言行为。(1分)

（4）对面试过程中的对象一视同仁。(1分)

适当加以阐述。(3分)

37. 答：

绩效考核中存在的问题如下：

（1）绩效考核标准不明确。(1分)

（2）晕轮效应。(1分)

（3）趋中效应。(1分)

（4）近因效应。(1分)

（5）偏见效应。(1分)

防范措施如下：

（1）使用一些描述性的语句对绩效考核标准进行界定，使得考核主体更明确地了解考核标准，使考核更符合实际。(1分)

（2）对管理人员加强培训的同时采用先进的绩效考核方法。(1分)

（3）增加考核主体的人数。(1分)

适当加以阐述。(2分)

四川省2019年10月高等教育自学考试
人力资源开发与管理试卷

（课程代码 06093）

注意事项：

1. 本试卷分为两部分，第一部分为选择题，第二部分为非选择题。

2. 应考者必须按试题顺序在答题卡指定位置上作答，答在试卷上无效。

3. 涂写部分、画图部分必须使用2B铅笔，书写部分必须使用黑色字迹签字笔。

第一部分 选择题

一、单项选择题：本大题共20小题，每小题1分，共20分。在每小题列出的备选项中只有一项是最符合题目要求的，请将其选出。

1. 最为活跃、涉及面最广、影响最为深远的资源是（ ）。

A. 自然资源　　B. 人力资源

C. 信息资源　　D. 资本资源

2. 人力资源管理的萌芽时期是（ ）。

A. 产业革命阶段　　B. 科学管理阶段

C. 人际关系阶段　　D. 行为科学阶段

3. 影响人力资源需求预测的内部因素中最重要的是（ ）。

A. 组织产品　　B. 组织的战略目标

C. 组织的预算　　D. 组织文化

4. 当人力资源供不应求时，最为直接且人员上手时间较短的方法是（　　）。

A. 加强内部流动　　B. 加班

C. 提高现有员工的效率　　D. 返聘退休人员

5. 美国文化受新教伦理的影响，同时强调一种人定胜天的精神，于是在早期汽车生产中就形成了大批量的生产方式。这属于外部环境当中的（　　）。

A. 政治法律环境　　B. 社会文化环境

C. 经济环境　　D. 科学技术环境

6. 工作分析的出发点是（　　）。

A. 职务　　B. 职类

C. 职位　　D. 职责

7. 工作中不可再继续分解的最小动作单位是（　　）。

A. 任务　　B. 职责

C. 工作要素　　D. 职位

8. 当前企业招聘高级人才的一种常见方式是（　　）。

A. 招聘会　　B. 职业介绍所

C. 猎头公司　　D. 网络招聘

9. 组织必须严把人员招聘关，宁可不招或者缓招，也不要招入不合格人员。这体现招聘遵循（　　）原则。

A. 少而精　　B. 宁缺毋滥

C. 公平公正　　D. 内部优先

10. 目前最常用的培训评估方式是（　　）。

A. CIPP 模型　　B. 柯式评估模型

C. 问卷法　　D. 现场成果鉴定法

11. 到高等院校攻读学位、出国进修以及参加短期培训班、研讨会或去国外学习考察等属于（　　）。

A. 在岗培训　　B. 岗外培训

C. 岗前培训　　D. 员工业务自学

12. 使用最为普遍，属于一种传统培训方法的是（　　）。

A. 角色扮演法　　B. 案例教学法

C. 讲授法　　D. 工作轮换法

13. 职业生涯周期理论中，五阶段理论的提出者是（　　）。

A. 萨伯　　B. 施恩

C. 霍兰德　　D. 金兹伯格

14. 根据霍兰德的人业互择理论，律师最有可能的人格类型是（　　）。

A. 研究型　　B. 实际型

C. 企业型　　D. 社会型

15. 绩效管理的关键环节是（　　）。

A. 绩效考核　　B. 绩效评估

C. 绩效计划　　D. 绩效沟通

16. 绩效考核结果与被考核者实际工作绩效的关联程度是（　　）。

A. 绩效考核的信度　　B. 绩效考核的效度

C. 绩效考核的接受度　　D. 绩效考核的明确度

17. 绩效考核主体中，最主要也是最为常见的选择是（　　）。

A. 员工同级同事　　B. 员工直属下级

C. 员工本人　　D. 员工直接上级

18. 将员工的工作业绩按照由好到坏的顺序依次排列，由此得出评价结果的方法是（　　）。

A. 交替排序法　　B. 简单排序法

C. 配对比较法　　D. 强制分配法

19. 下列选项中，属于群体可变薪酬计划的是（　　）。

A. 佣金计划　　B. 一次性可变薪酬计划

C. 利润分享计划　　D. 计时计划

20. 奖金又称为（　　）。

A. 基本薪酬　　B. 福利

C. 间接薪酬　　D. 可变薪酬

第二部分　非选择题

二、填空题：本大题共5小题，每小题2分，共10分。

21. 波特的三种企业竞争战略是指成本领先战略、__________战略、__________战略。

22. 工作分析的方法包括资料分析法、现场观察法、面谈法、__________、__________。

23. 内部选拔有内部__________和内部__________两种不同的途径。

24. 绩效考核的程序、方法和时间等都应及时向被考核者公布，整个考核过程和考核结果应该客观、公正，这遵循的是__________和__________原则。

25. 薪酬管理的原则包括公平性原则、激励性原则、竞争性原则、__________原则和__________原则。

三、判断改错题： 本大题共5小题，每小题4分，共20分。判断下列各题划线处的正误，在“答题卡”的试题序号后，正确的划上“√”；错误的划上“×”，并改正错误。

26. 当组织人力资源出现供大于求时，永久性裁员是解决供大于求最直接的方式。（　）

27. 职务与职位要求一一对应。（　）

28. 在员工选拔测试中，信度高就说明测试有效。（　）

29. 多媒体计算机培训适合所有的组织。（　　）

30. 职业生涯是一个动态过程。（　　）

四、简答题：本大题共5小题，每小题6分，共30分。

31. 简述人力资源的性质。

32. 简述提高人员招聘有效性的方法。

33. 简述员工培训的作用。

34. 简述组织职业生涯管理的目标。

35. 简述绩效考核中存在的问题。

五、论述题：本大题共 2 小题，每小题 10 分，共 20 分。

36. 试述工作轮换及其优缺点。

37. 试述员工福利项目的优化设计。

四川省2019年10月高等教育自学考试
人力资源开发与管理试卷
参考答案

（课程代码 06093）

一、单项选择题（本大题共20小题，每小题1分，共20分）

1. B　2. A　3. B　4. D　5. B　6. C　7. C　8. C　9. B
10. B　11. B　12. C　13. A　14. C　15. A　16. B　17. D　18. B
19. C　20. D

二、填空题（本大题共5小题，每小题2分，共10分）

21. 差异化、专一化
22. 问卷调查法、关键事件法
23. 提升、调用
24. 公开性、民主性
25. 经济性、合法性

三、判断改错题（本大题共5小题，每小题4分，共20分）

26. 正确。（4分）
27. 错误。（2分）职务可以由一个和一个以上的职位组成。（2分）
28. 错误。（2分）信度高并不说明测试有效。（2分）
29. 错误。（2分）多媒体计算机培训对某些组织和人员的培训不一定有效，达不到理想的效果。（2分）
30. 正确。（4分）

四、简答题（本大题共5小题，每小题6分，共30分）

31. 答：（1）生命周期性。（1分）
（2）能动性。（1分）

（3）再生性。（1 分）

（4）增值性。（1 分）

（5）社会性。（2 分）

32. 答：（1）选择良好的招募渠道，以吸引足够多的应聘者。（2 分）

（2）组织精干的招聘队伍。（2 分）

（3）选择合适的选拔测试方法。（2 分）

33. 答：（1）适应环境的变化。（1.5 分）

（2）提高工作绩效。（1.5 分）

（3）提高员工的满足感和安全水平，满足他们的自身发展需要。（1.5 分）

（4）营造优秀的组织文化。（1.5 分）

34. 答：（1）员工的组织化。（1.5 分）

（2）协调组织与员工的关系。（1.5 分）

（3）为员工提供发展机会。（1.5 分）

（4）促进组织事业的发展。（1.5 分）

35. 答：（1）绩效考核标准不明确。（2 分）

（2）晕轮效应。（1 分）

（3）趋中效应。（1 分）

（4）近因效应。（1 分）

（5）偏见效应。（1 分）

五、论述题（本大题共 2 小题，每小题 10 分，共 20 分）

36. 答：工作轮换，即为减轻对工作的厌烦感而把员工从一个岗位换到另一个岗位。（2 分）

工作轮换的优点如下：

（1）通过丰富员工工作的内容，减少员工的枯燥感，激发员工的工作积极性，提升员工的自身竞争力。（1 分）。

（2）可以为员工提供一个个体行为适应总体工作的适宜环境，增加员工对自己的最终成果的认识。（1 分）

（3）能够扩大员工的技能范围，这样管理人员在安排工作、填补职位空缺时，就具有很大的灵活性。（1 分）

工作轮换的缺点如下：

（1）工作轮换会使培训费用上升。(1 分)

（2）当员工在原先的岗位上工作效率已经很高时，如果这时将其轮换到另一个工作岗位时，势必会影响到组织的现有生产力。(1 分)

（3）当员工的工作环境改变以后，他就需要更新适应，调整和适应自己与周围人的关系，这需要管理人员付出更多的精力来处理这些来自人际关系方面的问题。(1 分)

适当加以阐述（2 分）

37. 答：

福利存在的问题如下：

（1）福利成本高，增长快。(1 分)

（2）福利的有效性低。(1 分)

（3）福利制度的针对性和灵活性低。(1 分)

（4）组织和员工对福利的认识混乱。(1 分)

福利项目的优化设计如下：

（1）优化福利项目，严格控制福利成本。(1 分)

（2）实行弹性福利计划。(1 分)

适当加以阐述。(4 分)

四川省 2020 年 8 月高等教育自学考试
人力资源开发与管理试卷

（课程代码　06093）

注意事项：

1. 本试卷分为两部分，第一部分为选择题，第二部分为非选择题。

2. 应考者必须按试题顺序在答题卡指定位置上作答，答在试卷上无效。

3. 涂写部分、画图部分必须使用 2B 铅笔，书写部分必须使用黑色字迹签字笔。

第一部分　选择题

一、单项选择题：本大题共 20 小题，每小题 1 分，共 20 分。在每小题列出的备选项中只有一项是最符合题目要求的，请将其选出。

1. 人力资本理论的提出者是（　　）。

A. 泰罗　　B. 梅奥

C. 舒尔茨　　D. 法约尔

2. 下列选项中，不属于人力资源性质的是（　　）。

A. 实践性　　B. 能动性

C. 再生性　　D. 社会性

3. “经济人”的观点产生于（　　）。

A. 科学管理阶段　　B. 人际关系阶段

C. 行为科学阶段　　D. 人力资本管理阶段

4. 下列选项中，不属于人力资源内部供给预测的方法是（　　）。

A. 管理者继任模型　　B. 德尔菲法

C. 马尔可夫法　　D. 档案资料分析

5. 美国文化受新教伦理的影响，强调一种人定胜天的精神，于是在早期汽车生产中就形成了大批量的生产方式。这属于外部环境中的（　　）。

A. 政治法律环境　　B. 社会文化环境

C. 经济环境　　D. 科学技术环境

6. 工作分析中不可再继续分解的最小动作单位是（　　）。

A. 职位　　B. 职责

C. 工作要素　　D. 任务

7. 工作分析的最终产出表现为（　　）。

A. 工作说明书　　B. 工作任务

C. 工作职责　　D. 工作条件

8. 增加工作的深度是指（　　）。

A. 工作丰富化　　B. 工作扩大化

C. 工作专业化　　D. 工作轮换

9. 招聘专业人员时，最适合发布招聘信息的渠道是（　　）。

A. 杂志　　B. 电视

C. 报纸　　D. 网络

10. 主考官对一个获过大奖或曾做出突出贡献的面试人员立即产生好感称为（　　）。

A. 第一印象　　B. 与我相似心理

C. 首因印象　　D. 晕轮效应

11. 能够在短时间内向一大批人提供大量信息的培训方法是（　　）。

A. 角色扮演法　　B. 案例教学法

C. 讲授法　　D. 头脑风暴法

12. 在柯式评估模型中，对受训者学到的知识、技能、态度、行为进行评估的指标是（　　）。

A. 反应　　B. 学习

C. 行为　　D. 结果

13. 合适的培训者不需要必须具备的条件是（　　）。

A. 较高的素质　　B. 充分的授课准备

C. 高学历　　D. 丰富的培训经验

14. 律师在霍兰德人业互择理论中的人格类型属于（　　）。

A. 企业型　　B. 研究型

C. 社会型　　D. 实际型

15. 提出“人职匹配理论”的学者是（　　）。

A. 金兹伯格　　B. 萨伯

C. 帕森斯　　D. 霍兰德

16. 在进行绩效考核时，大多数员工的考核得分都是良好，集中性地居于同一档次这种情况被称为（　　）。

A. 首因效应　　B. 趋中效应

C. 近因效应　　D. 晕轮效应

17. 最适用于评选最佳员工，能够有效地避免集中化趋向的绩效考核方法是（　　）。

A. 交替排序法　　B. 简单排序法

C. 配对比较法　　D. 强制分配法

18. 绩效管理工作的起点是（　　）。

A. 绩效沟通　　B. 绩效考核

C. 绩效计划　　D. 绩效反馈

19. 薪酬中相对不变的构成部分是（　　）。

A. 绩效薪酬　　B. 福利

C. 基本薪酬　　D. 加班加点工资

20. 休息日安排劳动者工作且不能安排补休的，支付的工资报酬不低于正常工资的（　　）。

A. 100%　　B. 200%

C. 300%　　D. 400%

第二部分　非选择题

二、填空题：本大题共5小题，每小题2分，共10分。

21. 人力资源总量由人力资源的__________和__________的乘积表示。

22. 舒尔茨将人力资源战略分为三种类型，即积累型战略、__________战略、__________战略。

23. 工作说明书包括工作__________和工作__________。

24. 培训需求分析的内容包括__________分析、__________分析、任务分析。

25. 一个人的职业生涯分为以下五个阶段：成长阶段、__________阶段、确立阶段、维持阶段、__________阶段。

三、判断改错题：本大题共5小题，每小题4分，共20分。判断下列各题划线处的正误，在“答题卡”的试题序号后，正确的划上“√”；错误的划上“×”，并改正错误。

26. 俗话说：“军无财，士不来，军无赏，士不往。”给予员工<u>必要的物质报酬和奖励是留住人才的基础</u>。（　）

27. 德尔菲法中的专家<u>只能是外请的</u>。（　）

28. 在员工选拔中，如果测试的信度很低，意味着测试的有效性很低。(　　)

29. 职业生涯仅仅包含工作或职业。(　　)

30. 在实践中，群体薪酬计划最好还是要辅以对个人绩效的考察，奖金在个人之间的分配并不一定要绝对平均，适当考虑个人绩效效果会更好。(　　)

四、简答题：本大题共5小题，每小题6分，共30分。

31. 简述解决人力资源供大于求的方法。

32. 简述提高招聘有效性的途径。

33. 简述培训计划的主要内容。

34. 简述职业生涯管理的意义。

35. 简述福利的影响因素。

五、论述题：本大题共 2 小题，每小题 10 分，共 20 分。

36. 结合实际，谈谈工作轮换及其优缺点。

37. 结合实际，谈谈绩效考核中存在的问题及如何防范。

四川省 2020 年 8 月高等教育自学考试
人力资源开发与管理试卷
参考答案

（课程代码　06093）

一、单项选择题（本大题共 20 小题，每小题 1 分，共 20 分）

1. C	2. A	3. A	4. B	5. B	6. C	7. A	8. A	9. A
10. D	11. C	12. B	13. C	14. A	15. C	16. B	17. C	18. C
19. C	20. B							

二、填空题（本大题共 5 小题，每小题 2 分，共 10 分）

21. 数量、质量

22. 效用、协助

23. 描述、规范

24. 组织、人员

25. 探索、下降

三、判断改错题（本大题共 5 小题，每小题 4 分，共 20 分）

26. 正确。（4 分）

27. 错误。（2 分）德尔菲法中的专家可以是外请的，也可以是组织内部有丰富经验的管理人员或技术人员。（2 分）

28. 正确。（4 分）

29. 错误。（2 分）职业生涯不仅包含工作或职业，还包含个人的生活风格以及个人在一生中所从事的所有活动。（2 分）

30. 正确。（4 分）

四、简答题（本大题共 5 小题，每小题 6 分，共 30 分）

31. 答：（1）重新安置。（1 分）

（2）永久性裁员。（1分）

（3）临时解雇。（1分）

（4）减少工作时间。（1分）

（5）工作分享。（1分）

（6）降低工资。（1分）

32. 答：（1）选择良好的招募渠道，以吸引足够多的应聘者。（2分）

（2）组织精干的招聘队伍。（2分）

（3）选择合适的选拔测试方法。（2分）

33. 答：（1）明确培训目标、内容。（1分）

（2）确定培训对象。（1分）

（3）确定培训时间。（1分）

（4）选择培训场所。（1分）

（5）选择合适的培训者。（1分）

（6）选定培训方法和教材。（1分）

34. 答：（1）提升员工职业能力，促进员工成长。（2分）

（2）调动员工积极性，促进组织发展。（2分）

（3）为社会培养人才，促进社会进步。（2分）

35. 答：

外部因素如下：

（1）政府的法律法规。（1分）

（2）劳动力市场的标准。（1分）

（3）工会。（1分）

内部因素如下：

（1）组织的战略。（1分）

（2）组织管理者的经营理念。（1分）

（3）员工偏好。（1分）

五、论述题（本大题共2小题，每小题10分，共20分）

36. 答：工作轮换，即为减轻对工作的厌烦感而把员工从一个岗位换到另一个岗位。（2分）

工作轮换的优点如下：

（1）通过丰富员工工作的内容，减少员工的枯燥感，激发员工的工作积极性，提升员工的自身竞争力。（1分）

（2）可以为员工提供一个个体行为适应总体工作的适宜环境，增加员工对自己的最终成果的认识。（1分）

（3）能够扩大员工的技能范围，这样管理人员在安排工作、填补职位空缺时，就具有很大的灵活性。（1分）

工作轮换的缺点如下：

（1）工作轮换会使培训费用上升。（1分）

（2）当员工在原先的岗位上工作效率已经很高时，如果这时将其轮换到另一个工作岗位时，势必会影响到组织的现有生产力。（1分）

（3）当员工的工作环境改变以后，他就需要更新适应，调整和适应自己与周围人的关系。这需要管理人员付出更多的精力来处理这些来自人际关系方面的问题。（1分）

结合实际展开论述。（2分）

37. 答：

绩效考核中存在的问题如下：

（1）绩效考核标准不明确。（1分）

（2）晕轮效应。（1分）

（3）趋中效应。（1分）

（4）近因效应。（1分）

（5）偏见效应。（1分）

防范措施如下：

（1）使用一些描述性的语句对绩效考核标准进行界定，使得考核主体更明确地了解考核标准，使考核更符合实际。（1分）

（2）对管理人员加强培训的同时采用先进的绩效考核方法。（1分）

（3）增加考核主体的人数。（1分）

结合实际展开论述。（2分）

四川省2020年10月高等教育自学考试
人力资源开发与管理试卷

（课程代码　06093）

注意事项：

1. 本试卷分为两部分，第一部分为选择题，第二部分为非选择题。

2. 应考者必须按试题顺序在答题卡指定位置上作答，答在试卷上无效。

3. 涂写部分、画图部分必须使用2B铅笔，书写部分必须使用黑色字迹签字笔。

第一部分　选择题

一、单项选择题： 本大题共20小题，每小题1分，共20分。在每小题列出的备选项中只有一项是最符合题目要求的，请将其选出。

1. 人力资本理论的提出者是（　　）。

A. 泰罗　　B. 梅奥

C. 舒尔茨　　D. 马克思

2. 一个国家或地区所拥有的人口总量称为（　　）。

A. 劳动力资源　　B. 人力资源

C. 人口资源　　D. 人力资本

3. 通过预测组织内部人员转移来预测内部人员供给的方法是（　　）。

A. 趋势预测法　　B. 马尔可夫法

C. 经验判断法　　D. 回归预测法

4. 20 世纪 90 年代在西方国家中兴起的民权运动，就迫使政府制定了一系列的反对种族、性别、年龄等歧视的平等民权法案，极大地影响了企业的录用、选拔、晋升等人力资源管理活动，这属于人力资源外部环境的（　　）。

A. 社会文化环境　　B. 经济环境

C. 政治法律环境　　D. 行业环境

5. 制定人力资源战略的前提和基础是（　　）。

A. 工作分析　　B. 组织战略

C. 人力资源规划　　D. 政治法律环境

6. 收发室工作人员签收信件时的签字动作属于（　　）。

A. 任务　　B. 工作要素

C. 职责　　D. 职位

7. 工作设计的方法中，增加员工工作任务的横向多样性是指（　　）。

A. 工作专业化　　B. 工作轮换

C. 工作扩大化　　D. 工作丰富化

8. 招聘专业人员时，最合适的信息发布渠道是（　　）。

A. 杂志　　B. 报纸

C. 电视　　D. 网络

9. 从求职者若干人中组成一个临时小组讨论事先设定的问题，并要求得出结论，形成决策的情景模拟法是（　　）。

A. 公文处理　　B. 角色扮演

C. 无领导小组讨论　　D. 面试

10. 由美国创造学家奥斯本提出的一种激发创造性思维方法是（　　）。

A. 角色扮演法　　B. 案例教学法

C. 讲授法　　D. 头脑风暴法

11. 工作轮换属于（　　）。

A. 岗外培训　　B. 岗前培训

C. 在岗培训　　D. 员工业余自学

12. 根据霍兰德人职匹配类型理论，下列各选项中属于实际型人格的是（　　）。

A. 飞行员　　B. 律师

C. 出纳员　　D. 图书管理员

13. 施恩提出的职业生涯理论是（　　）。

A. 人业互择理论　　B. 人职匹配理论

C. 职业锚理论　　D. 三阶段理论

14. 在进行绩效考核时，大多数员工的考核得分都是中等或良好，集中性地居于同一档次。这种情况被称为（　　）。

A. 首因效应　　B. 趋中效应

C. 近因效应　　D. 晕轮效应

15. 下列不属于绩效管理内容的是（　　）。

A. 绩效考核　　B. 绩效反馈

C. 绩效分类　　D. 绩效计划

16. 美国学者弗拉赖根和伯恩斯共同研究提出的绩效考核的方法是（　　）。

A. 工作业绩记录法　　B. 关键事件法

C. 指导记录法　　D. 能力记录法

17. 企业年金又称（　　）。

A. 基本养老保险　　B. 个人储蓄养老

C. 补充养老保险　　D. 公积金

18. 人力资源报酬的主体是（　　）。

A. 福利　　B. 基本薪酬

C. 间接薪酬　　D. 奖金

19. 薪酬构成中，激励性最强的一种薪酬形式是（　　）。

A. 可变薪酬　　B. 基本薪酬

C. 间接薪酬　　D. 福利

20. 进行低级别招聘时，最适合的渠道是（　　）。

A. 劳动力市场　　B. 电视

C. 猎头公司　　D. 电脑网络

第二部分　非选择题

二、填空题：本大题共 5 小题，每小题 2 分，共 10 分。

21. 人力资源管理的核心内容包括选人、__________、__________、留人。

22. 人力资源管理的功能包括吸收、__________、__________、评价、调整。

23. 舒尔茨将人力资源战略分为三种类型，即积累型战略、__________战略、__________战略。

24. 员工选拔方法的检验指标是__________与__________。

25. 绩效管理的目的一般包括战略目的、__________目的和__________目的。

三、判断改错题：本大题共5小题，每小题4分，共20分。判断下列各题划线处的正误，在“答题卡”的试题序号后，正确的划上“√”；错误的划上“×”，并改正错误。

26. 职位与个人一一对应。 (　　)

27. 角色扮演法适用于知识和技能的培训。 (　　)

28. 人力资源的数量与质量之间存在相同的替代性。 (　　)

29. 绩效管理的考核时间没有唯一的标准。 (　　)

30. 国家法定社会福利包括法定<u>社会保险和法定休假</u>。 （ ）

四、简答题：本大题共5小题，每小题6分，共30分。

31. 简述解决人力资源供大于求的方法。

32. 简述工作分析运用观察法时需要注意的原则。

33. 简述组织在发布招聘信息时需要考虑的因素。

34. 简述培训计划的主要内容。

35. 简述福利方案的设计。

五、论述题： 本大题共 2 小题，每小题 10 分，共 20 分。

36. 试述个人职业生涯规划的影响因素。

37. 试述外部招聘与内部招聘比较和选择。

四川省2020年10月高等教育自学考试
人力资源开发与管理试卷
参考答案

（课程代码　06093）

一、**单项选择题**（本大题共20小题，每小题1分，共20分）

1. C　2. C　3. B　4. C　5. B　6. B　7. C　8. A　9. C
10. D　11. C　12. A　13. C　14. B　15. C　16. B　17. C　18. B
19. A　20. A

二、**填空题**（本大题共5小题，每小题2分，共10分）

21. 育人、用人
22. 保持、发展
23. 效用型、协助型
24. 信度、效度
25. 管理、开发

三、**判断改错题**（本大题共5小题，每小题4分，共20分）

26. 正确。（4分）
27. 错误。（2分）角色扮演法不适用于知识和技能的培训。（2分）
28. 错误。（2分）改“相同”为“不同”。（2分）
29. 正确。（4分）
30. 正确。（4分）

四、**简答题**（本大题共5小题，每小题6分，共30分）

31. 答：（1）重新安置。（2分）

（2）永久性裁员。（2分）

（3）临时解雇。（0.5分）

（4）减少工作时间。（0.5分）

（5）工作分享。（0.5分）

（6）降低工资。（0.5分）

32. 答：（1）稳定原则。（1分）

（2）信任原则。（1分）

（3）隐蔽原则。（1分）

（4）详尽原则。（1分）

（5）代表性原则。（1分）

（6）沟通原则。（1分）

33. 答：（1）招聘的成本。（1.5分）

（2）招聘的时效性。（1.5分）

（3）招聘岗位的性质与特点。（1.5分）

（4）劳动力市场的供给状况及劳动力市场的流动程度。（1.5分）

34. 答：（1）明确培训目标、内容。（1分）

（2）确定培训对象。（1分）

（3）确定培训时间。（1分）

（4）选择培训场所。（1分）

（5）选择合适的培训者。（1分）

（6）选定培训方法和教材。（1分）

35. 答：（1）确定福利目标。（1.5分）

（2）进行福利调查。（1.5分）

（3）进行福利规划。（1.5分）

（4）福利方案的再设计。（1.5分）

五、论述题（本大题共2小题，每小题10分，共20分）

36. 答：（1）进取心。（1分）

（2）自信心。（1分）

（3）自我力量感。（1分）

（4）自我认识和自我调节。（1分）

（5）情绪稳定性。（1分）

（6）社会敏感性。（1分）

（7）社会接纳性。（1分）

（8）社会影响力。（1分）

适当加以展开。（2分）

37. 答：

外部招聘的优点如下：（2分）

（1）可以为组织补充新鲜血液。

（2）可以缓和内部竞争。

（3）可以很快投入工作，减少培训的投入。

外部招聘的缺点如下：（2分）

（1）打击内部员工的士气。

（2）外部招聘需要很长的适应过程，使招聘投入增大。

内部招聘的优点如下：（2分）

（1）可以提高员工士气。

（2）组织与被录用人员之间相互了解。

（3）速度快、成本低。

内部招聘的缺点如下：（2分）

（1）组织内部近亲繁殖。

（2）可能导致组织内部不和。

（3）会使员工放在一个不能被胜任的位置。

不论采取何种方式，都有一定的利弊，组织应从实际出发，选择适合组织自身发展的招聘方式。（2分）

英华教育 书香天地

自考

Yinghua Education, Scholarly World

高等教育自学考试“人力资源开发与管理”辅导资料

结合考试的模拟题型

加深理解的实考演练

走向成功的最近桥梁

详细清晰的例题示范

攻关考试的良师益友

责任编辑 李晓嵩

封面设计 张姗姗

扫一扫英华教育，
获取更多自考教材信息

ISBN 978-7-5504-4714-1

9 787550 447141

ISBN 978-7-5504-4714-1

定价：38.00元

二十一世纪普通高等教育人才培养“十三五”系列教材

成本会计应用能力训练

Chengben Kuaiji Yingyong Nengli Xunlian

主编 朱晓凤

西南财经大学出版社
中国·成都